Zu diesem Buch

Sehr viele und sehr große Bühnen in Ost und West, das Fernsehen und ein Film mit Heinz Rühmann in der Hauptrolle haben diese Köpenickiade des schlichten Briefträgers Fuchs, der seinen Schulfreund Hermann Göring anfleht, dem Krieg ein Ende zu machen, bekannt werden lassen. Das in einem Autorenwettbewerb des Nationaltheaters Mannheim preisgekrönte Stück ist eine ätzende Satire auf die Allmacht des einmal amtlich gestempelten Papiers und zugleich auf die Ohnmacht des Anständigen im Dschungel unserer exemplarisch unbewältigten Gegenwart. Ein auf Befehl Görings abgefaßtes psychiatrisches Gutachten erklärt den geistig völlig gesunden Briefträger zum unzurechnungsfähigen Narren und rettet ihn solcherart zunächst vor der Gestapo. Indessen war dies ein Freundschaftsdienst des Teufels: Sogar als Fuchs nach dem Krieg mit größter Schlauheit und gegen den entschlossenen Widerstand der Herren von heute sich selbst wieder «normal» gemacht hat, bedeutet auch das für ihn nicht die verzweifelt erhoffte Lösung.

In unserer Taschenbuchausgabe zeigen die ersten sechs Tafeln Bilder aus dem gleichnamigen Film mit Heinz Rühmann, die weiteren Tafeln Szenen aus der Fernsehaufführung mit Rudolf Vogel in der Hauptrolle.

Johannes Mario Simmel, geboren am 7. April 1924 in Wien, studierte Chemie, arbeitete als Dolmetscher der amerikanischen Militärregierung, war seit 1945 als Journalist und Zeitungsredakteur tätig und widmete sich seit 1963 ganz seiner schriftstellerischen Arbeit. Schon mit siebzehn Jahren schrieb er «Begegnung im Nebel» (rororo Nr. 1248), das 1947 erschien. Es folgten die Romane «Mich wundert, daß ich so fröhlich bin» (1949; rororo Nr. 472), «Das geheime Brot» (1951; rororo Nr. 852), «Ich gestehe alles» (1953), «Gott schützt die Liebenden» (1957), «Affäre Nina B.» (1958; rororo Nr. 359), «Es muß nicht immer Kaviar sein» (1960), «Bis zur bitteren Neige» (1962),«Liebe ist nur ein Wort» (1963), «Lieb Vaterland magst ruhig sein» (1965), «Alle Menschen werden Brüder» (1967), «Und Jimmy ging zum Regenbogen» (1970), «Der Stoff aus dem die Träume sind» (1971), «Die Antwort kennt nur der Wind» (1973), «Niemand ist eine Insel» (1975), «Hurra! Wir leben noch» (1978), «Zweiundzwanzig Zentimeter Zärtlichkeit» (1979), «Wir heißen euch hoffen» (1980) und «Die Erde bleibt noch lange jung» (1981).

Übersetzungen seiner Bücher erschienen in zwanzig Ländern, darunter in den USA, in England, Frankreich, Italien, Holland, Spanien, Portugal, Schweden, Finnland, Dänemark, Jugoslawien, Belgien, Kanada, Südamerika, Israel, der Türkei und der Tschechoslowakei.

Johannes Mario Simmel

DER SCHULFREUND

Ein Schauspiel
in zwölf Bildern

rororo

Rowohlt

Umschlagentwurf Werner Rebhuhn
unter Verwendung zweier Fotos aus dem Film «Mein Schulfreund»
der Gloria-Film, München
Die Veröffentlichung der Fotos aus dem Film «Mein Schulfreund»
(Tafel 1–6) erfolgt mit freundlicher Genehmigung der
Gloria-Film, Produktion: Divina, Fotos: Reiter
Der Süddeutsche Rundfunk stellte die Aufnahmen aus der Fernseh-
aufführung «Der Schulfreund» dankenswerterweise zur Verfügung
(Fotos: Hugo Jehle, Stuttgart)

Erste Buchausgabe

220.–223. Tausend Juli 1984

Veröffentlicht im Rowohlt Taschenbuch Verlag GmbH,
Reinbek bei Hamburg, Mai 1964

Gesetzt aus der Linotype-Cornelia
Gesamtherstellung Clausen & Bosse, Leck
Printed in Germany
680-ISBN 3 499 10642 6

PERSONEN

Ludwig Fuchs, *Geldbriefträger*
Rosi, *seine Tochter*
Paul Keller, *ihr Schulfreund*
Hauptmann Sander
Hauptmann Kühn
Ein freundlicher Wärter
Der Muttermörder Wondracek
Professor Strohbach
Doktor Lerch
Frau Wenzel
Zötterl
Emmerich Gasselseder
Der Amtsvorstand
Ein zweiter Wärter
Frau Sander
Frau Kühn
Drei Luftwaffensoldaten
Ein Stubenmädchen
Ein Justizbeamter
Einige Briefträger

Besetzung der Uraufführung
im National-Theater Mannheim
am 26. Februar 1959

LUDWIG FUCHS, *Geldbriefträger*	Bruno Hübner
ROSI, *seine Tochter*	Anneliese Benz
PAUL KELLER, *ihr Schulfreund*	Leon Huber
HAUPTMANN SANDER	Karl Worzel
HAUPTMANN KÜHN	Günther Gube
EIN FREUNDLICHER WÄRTER	Hans Simshäuser
DER MUTTERMÖRDER WONDRACEK	Mogens von Gadow
PROFESSOR STROHBACH	Lothar Firmans
DOKTOR LERCH	Klaus Bauer
FRAU WENZEL	Clara Walbröhl
ZÖTTERL	Johannes Hönig
EMMERICH GASSELSEDER	Walter Pott
DER AMTSVORSTAND	Jörg Schleicher
FRAU SANDER	Rosemarie Reymann
FRAU KÜHN	Helmka Sagebiel
DREI LUFTWAFFENSOLDATEN	Georg Montfort Fritz Dühse Gottfried Brösel
INSZENIERUNG:	Heinz Joachim Klein
SZENENBILD:	Paul Walter

Besetzung des Films «Mein Schulfreund»
Uraufführung 22. Juli 1960
Eine Divina-Produktion
im Verleih der Gloria

Ludwig Fuchs	Heinz Rühmann
Rosi	Loni von Friedl
Hauptmann Kühn	Ernst Schröder
Frau Kühn	Hertha Feiler
Hauptmann Sander	Alexander Kerst
Dr. Lerch	Robert Graf
Ein Muttermörder	Mario Adorf
Professor Strohbach	Hans Leibelt
Frau Wenzel	Carsta Löck
Emmerich Gasselseder	Alexander Golling
Frau Sander	Helga Wiedenbrüg
Hans Sonntag	Dieter Cartini
Schwester Camilla	Margaret Jahnen
Dr. Dorm	Wolfgang Reichmann
Postrat	Werner Hessenland
Postvorstand	Hans Epskamp
Paul Keller	Fritz Wepper
Ein freundlicher Wärter	Heinz Kargus
Geldbriefträger	Reinhard Glemnitz
Richter	Willy Berling
Regie:	Robert Siodmak
Bild:	Helmut Ashley

Die Bearbeitung des Stückes für den Film brachte Veränderungen der Handlung mit sich, insbesondere was das Grundmotiv und das Ende betraf. Man verlegte Orte des Geschehens und führte neue Personen ein. Dem Verfasser des Stückes wurde erklärt, daß derlei Veränderungen unbedingt nötig wären.

Besetzung der Fernseh-Inszenierung
des Süddeutschen Rundfunks, Stuttgart
(Sendung 13. August 1963)

LUDWIG FUCHS	Rudolf Vogel
ROSI, *seine Tochter*	Monika Berg
PAUL KELLER, *ihr Schulfreund*	Nikolaus Haenel
HAUPTMANN SANDER	Peter Schütte
HAUPTMANN KÜHN	Günther Neutze
EIN FREUNDLICHER WÄRTER	Hugo Lindinger
DER MUTTERMÖRDER WONDRACEK	Rudolf Rhomberg
PROFESSOR STROHBACH	Hans K. Friedrich
DR. LERCH	Heinrich Trimbur
FRAU WENZEL	Maria Singer
ZÖTTERL	Paul Dättel
EMMERICH GASSELSEDER	Hubert Mann
DER AMTSVORSTAND	Fritz Lohmann
FRAU SANDER	Dietlinde Hillebrecht
FRAU KÜHN	Karin Schlemmer
EIN STUBENMÄDCHEN	Ute Maschke
EIN JUSTIZBEAMTER	Gustav Haner
REGIE:	Rainer Wolffhardt
SZENENBILD:	Karl Wägele

Die Bearbeitung des Stückes für das Fernsehen hielt sich engstens an die Handlung des Schauspiels – insbesondere, was das Grundmotiv und das Ende betraf. Dem Verfasser des Stückes wurde erklärt, daß Veränderungen durchaus nicht nötig wären.

I

KÜCHE IN EINER MANSARDENWOHNUNG

Groß und gemütlich eingerichtet. Sitzecke neben dem Herd, auf dem eine Speise kocht. Ein Fenster, zwei Türen. Ein Radiogerät. Die Küche wird nur vom Licht der Herdgasflammen erleuchtet. Auf dem Tisch zwei Schultaschen. Das Fenster steht offen. Es schneit heftig. Im Raum zwei Kinder: Rosi, fünfzehn Jahre alt, und Paul, gleichfalls fünfzehn Jahre alt. Die Kinder blicken auf die Straße hinunter.
Es erscheint eine hell angestrahlte Tafel mit dieser Zeitangabe:

30. JANUAR 1944, WIEN

Die Tafel verschwindet.

ROSI, *nach einer Weile*: Jetzt kommt er. *Sie richtet sich auf, schließt das Fenster und läßt die Verdunklung herab; dann dreht sie das elektrische Licht an.*
Sie ist langbeinig, mager, mitten in der Pubertät; vielleicht, daß sie einmal schön sein wird; das Haar ist zu zwei winzigen Zöpfen geflochten, die vom Kopf abstehen;

Rosi trägt lange Wollstrümpfe, ein Hängeröckchen und einen ausgewachsenen Pullover, dessen Maschen sich über den kleinen Brüsten weiten; trotz ihrer Jugend geht etwas Mütterliches von ihr aus.

Sie betrachtet Paul kritisch: Was ist?

PAUL: Ich hab Angst.

ROSI: Vor meinem Vater?

PAUL *nickt.*

Er ist sehr bleich. In seinem Gesicht zuckt es zuweilen. Unter anderen Umständen wäre er wohl hübsch zu nennen. Ein dunkler, nervöser Typ mit großen, fragenden Augen. Er trägt die schwarze Kordsamthose der Hitlerjugend, Kniestrümpfe, Halbschuhe und einen kurzärmeligen Pullover über einem bunten Hemd.

ROSI *zuversichtlich*: Der tut dir nix.

PAUL *in Panik*: Er ist in der Partei!

ROSI: Laß mich mit ihm reden. Ich erkläre ihm alles. *Sie drängt Paul zu einer Tür.*

PAUL: Er weiß noch nicht, was passiert ist. Ich sag grüß Gott und renn an ihm vorbei.

ROSI *hält ihn fest*: Wohin? Nach Haus kannst jetzt nicht mehr. Wo willst denn schlafen? Im Schnee? Da bist du morgen früh erfroren.

PAUL *beginnt hoffnungslos zu weinen.*

ROSI *drückt ihn an sich*: Hör auf! Wirst sehen, er hilft.

PAUL: Wie kann er helfen, wenn er doch in der Partei ist?

ROSI *zieht Paul zur zweiten Tür*: Wart's ab! Er ist so gescheit. *Schiebt Paul in das Zimmer hinter der Tür.* Und still sein, hörst du?

Sie schließt die Tür. Geht zum Herd. Entdeckt Pauls Schultasche, rennt zur Tür zurück und wirft die Tasche ins Zimmer dahinter. Macht sich danach am Herd zu schaffen wie eine erwachsene Frau.

Schritte.

Die Eingangstür öffnet sich. Durchnäßt tritt der Briefträger Ludwig Fuchs ein.

FUCHS: Pfui Teufel, is das vielleicht ein Wetter heute!

Der Briefträger Ludwig Fuchs, einundfünfzigjährig, ist ein unauffälliger, kurzsichtiger Typ. Stahlbrille auf der Nase, schütteres Haar. Ängstlich, schmalbrüstig und recht versponnen. An der rechten Schläfe eine Narbe, wie von einer Kriegsverletzung. Liebenswürdig und hilfsbereit. Ein einfacher Mensch mit einfachen Lebensgewohnheiten. Ein Gesicht aus der Menge. Von seiner Art gibt es Millionen, man bemerkt sie nur nie.

Fuchs geht zu seiner Tochter, küßt sie und streicht über ihre Wange. Das tut er mit großer Innigkeit. Wir bemerken sogleich, daß er das Mädchen liebt.

Tag, Rosilein.

ROSI *strahlt ihn an, sie wird richtig hübsch dabei*: Hab schon auf dich gewartet. *Sie hebt einen Deckel.*

FUCHS *schnuppert erfreut*: Gulasch. Mmm! Kochen kannst, also wie deine Mutter selig. *Schlurft zum Radio. Er fürchtet Luftangriffe. Es gibt viele Dinge, vor denen er sich fürchtet.* Was war um sechs?

ROSI *kochend*: Feindfrei.

FUCHS: Um sechs is immer feindfrei. *Er dreht den Apparat an. Es ertönt flotte Marschmusik. Fuchs zieht im folgenden Jacke und Schuhe aus, reckt sich, läßt die Hosenträger herab, reibt die kalten Füße.*

ROSI *deckt den Tisch. Dabei unterhalten sie sich.*

FUCHS: Der Tag hat's in sich gehabt, Sakrament!

Rosi *tastet sich diplomatisch vor, bemüht, seine Stimmung zu erforschen*: Wenn es schneit, ist es immer am schlimmsten, gelt?

Fuchs: Der Schlag hätt mich treffen können, meiner Seel, so gelaufen bin ich. Die halbe Alserstraße hinauf. Bis hundertsiebenundzwanzig.

Rosi: Aber warum? Willst ein lichtes Bier oder ein dunkles?

Fuchs: Lichtes. Wie ich gerade aus dem Fünfzehner herauskomm, da steht die Frau Gallmaier vor mir, die alte, die so schwer hört. Achtundsechzig ist sie, der Mann zweiundsiebzig. Hundertdreiundachtzig Mark ist seine Rente, mit Zulagen.

Rosi: Immer soviel Schaum macht das lichte. Und?

Fuchs: Steht sie da in dem Sauwetter und schreit: Kommen S', Herr Fuchs, um Himmels willen, der Josef liegt im Sterben, der geistliche Herr hat 'n schon versorgt, es geht um Minuten, sonst derpacken wir's nimmer, und der Josef ist hinüber, vor daß er unterschrieben hat!

Rosi *begreift*: Jesus, die Quittung!

Fuchs: Die Quittung, ja. Ohne Unterschrift darf ich nix geben, keinen Groschen. Das is Gesetz. Drum jammert die Gallmaier auch so, wenn sie das Geld nicht kriegt, kann sie sich gleich neben ihren Josef legen und mit feuerbestatten lassen bei den Schulden, was sie haben, und's Elektrische nicht bezahlt und auch nicht das Gas. *Setzt sich an den Tisch; Rosi gibt ihm Gulasch; sie essen; immer weiter die Marschmusik.* Bin *ich* vielleicht losgerannt! Ich hab geglaubt, das Herz zerspringt mir! Und immer die Gallmaier: Schneller, das Gas! Schneller, das Elektrische! Im Stiegenhaus vom Hundertsiebenundzwanziger sind sie vor den Türen gestanden in jedem

Stockwerk, und angefeuert haben sie mich: Hoppauf, noch lebt er, noch kann er seinen Namen schreiben! *Löffelt.* Ich hinein in die Wohnung wie ein Sturmwind, die Füllfeder hab ich schon aufgeschraubt, und jetzt dem Gallmaier nur die Quittung hingehalten. Unterschreiben! Na, die Aufregung, wie der den Namen hinzittert! Seine Alte, die fängt vor lauter Seligkeit an zu weinen, und der geistliche Herr sagt: Es war der Wille Gottes. Der Herr Gallmaier aber sagt: Nein, es war der gute Herr Fuchs. Zu seiner Alten sagt er noch: Leb wohl, Marie. Dann ist er hinüber. Also, noch nie im Leben hab ich einen glücklicheren Menschen gesehen wie die Frau Gallmaier. Aber jetzt spür ich meine Füß. – Was machst für ein Gesicht?

ROSI *schweigt und senkt den Kopf.*

FUCHS *sofort mißtrauisch*: Hast was angestellt?

ROSI *nickt stumm.*

FUCHS: In der Schule?

ROSI: Nein.

FUCHS: Wo dann? Erzähl schon.

ROSI: Aber du mußt mir vorher versprechen, daß du nicht bös bist.

FUCHS: Gar nichts versprech ich vorher!

ROSI *dringlich*: Ich hab's machen müssen, Vater, er ist doch mein Schulfreund.

FUCHS: Wer?

ROSI: Der Paul.

FUCHS: Der Paul Keller? *Er lacht amüsiert.* Jetzt sag's schon, ihr zwei habt's also ein Fenster eingeschmissen!

ROSI: Hör zu, Vater. Heute war Schule bis halb zwei. Dann war eine Schneeballschlacht, und dann sind wir nach

Hause gegangen, der Paul und ich. Wie wir um das Eck von der Rosensteingasse kommen, da sehen wir einen Lastwagen vor'm Haus vom Paul. Ein paar SA-Leute. Auf'm Lastwagen Männer und Frauen. Und gerade klettern die Eltern vom Paul rauf.

FUCHS: Die Eltern vom Paul?

ROSI: Die SA-Leute haben sie auf'n Kopf geschlagen mit Gummiknüppeln.

FUCHS *entsetzt*: Auf'n Kopf?

ROSI: Auch auf'n Rücken und die Beine.

FUCHS: Jesus, Maria und Josef, aber *warum*?

ROSI: Na, weil sie doch *Juden* sind.

Marschmusik endet.

Stille.

ANSAGERSTIMME: Hier ist der Deutschlandsender. Die Zeit: Beim Gongschlag war es neunzehn Uhr. Achtung, eine Luftlagemeldung: Feindlicher Kampfverband im Anflug auf Kärnten und Steiermark. Ende der Luftlagemeldung. Wir bringen nun sechzig beschwingte Minuten mit dem Orchester Adalbert Lutter.

Beschwingte Musik.

FUCHS *tonlos*: *Was* sind die Eltern vom Paul?

ROSI *laut*: *Juden!*

FUCHS *leise*: Und dabei so anständige Leut. *Seine Hände lassen Messer und Gabel sinken.*

ROSI: Niemand hat's gewußt. Nicht mal der Paul. Sie haben's geheimgehalten, mit falschen Papieren und so. Einer hat sie verpfiffen.

FUCHS: Woher weißt *du* denn das alles?

ROSI: Die SA-Leute haben geschrien: Wo ist der kleine Keller, der Judenbub? Da hab ich gesagt, renn, Paul, rüber in den Park, wart auf mich auf der Bank neben dem Klo, damit sie dich nicht auch noch erwischen.

FUCHS: O Gott.

ROSI: Also ist er in den Park gerannt und ich rüber zum Haus und hab mit der Hausmeisterischen geredet. Die hat's mir erzählt, daß sie sich getarnt haben. Und daß sie gar nicht Keller heißen, sondern in Wirklichkeit Wolf. Inzwischen ist das Lastauto losgefahren. Die Mutter vom Paul hat mir noch gewinkt. Der Vater nicht, er hat nichts gesehen. Sie haben ihm die Brille zerschlagen beim Prügeln.

FUCHS: Ist das ein Regime! Ein *unmenschliches* Regime ist das, Rosilein. Niemand darf's wissen und du darfst's niemandem sagen, aber immer wieder lieg ich schlaflos die Nacht lang und mach mir Vorwürf, daß ich ihnen hineingegangen bin in die Partei.

ROSI: Hättest du denn nicht draußen bleiben können?

FUCHS: So was sagt sich leicht. Gedrückt hab ich mich bis neunzehnhundertvierzig. Dann hat mich der Vorstand rufen lassen. Herr Fuchs, das ist ein ausgesprochener Vertrauensposten, den Sie haben. Ich kann's nicht verantworten, daß Sie ihn weiter bekleiden, wenn Sie nicht wissen, wo Sie hingehören. Die andern sind schon längst alle beigetreten. Überlegen Sie sich's. Es gibt auch noch die deutsche Wehrmacht. *Unglücklich:* Da bin ich reingegangen in meiner Angst.

ROSI: Und heraus kannst du nimmer?

FUCHS: Die lassen keinen mehr raus, wenn er mal drin is. *Tanzmusik bricht ab.*

ANSAGERSTIMME: Achtung, eine Luftlagemeldung. Der feindliche Kampfverband nimmt jetzt Kurs auf Graz.

Neuer Einsatz von Tanzmusik.

FUCHS *verzweifelt und voll Furcht*: Mit Blut beflecken tun wir unsere Hände noch und noch. Fast müßte man hoffen, daß wir ihn verlieren, den Krieg. Für all das Unrecht, was geschieht. Der arme Paul. Hoffentlich kommt er davon.

ROSI: Wie meinst du das, Vater?

FUCHS: Aus Wien heraus. Auf'm Land is es leichter. Da find' er vielleicht einen Bauern, der ihn versteckt.

ROSI: Wenn du ein Bauer wärst – würdest du ihn verstekken?

FUCHS: Wohl. So ein unschuldiges Kind kann doch nichts dafür, wie's geboren wird und wo, und ob als Jud oder ob als Christ.

ROSI: Er ist hier.

FUCHS *sinkt zurück, paralysiert vor Furcht.*

ROSI: Er hat doch nicht gewußt, wohin.

FUCHS *außer sich vor Entsetzen*: Er ... ist ...

ROSI: In deinem Zimmer.

Fuchs starrt vor sich hin, schüttelt den Kopf. Rosi betrachtet ihn lange. Dann geht sie zu einer zweiten Tür, öffnet sie und macht eine Handbewegung.

Herein Paul. Er tritt vor Fuchs. Der hebt langsam den Kopf und sieht Paul tragisch an. Paul erwidert den Blick ebenso. Es ist ihm klar, daß Herr Fuchs sich gleichfalls in keiner angenehmen Lage befindet. Der Blick hält. Die Tanzmusik bricht ab.

ANSAGERSTIMME: Hier ist der Deutschlandsender. Achtung, eine Luftlagemeldung. Der über Graz gemeldete Kampfverband fliegt weiter mit Nordkurs. Für Wien wird in Kürze Fliegeralarm gegeben. Ende der Meldung.

Neuer Einsatz von flotter Tanzmusik.

PAUL, *der Fuchs reglos gegenübersteht und ihn noch immer ansieht*: Bitte seien Sie nicht böse, Herr Fuchs.

Fuchs schweigt überwältigt.

ROSI: Sag doch was, Vater.

FUCHS: Was soll ich sagen? *Er sinkt noch mehr in sich zusammen.*

PAUL *wendet sich ab und fängt wieder an zu weinen.*

FUCHS *in seiner Furcht*: Hör sofort auf!

PAUL *schwach*: Ich muß immerzu an die Eltern denken. Die Rosi meint, jetzt kommen sie in ein KZ.

FUCHS *attackiert die Tochter*: Was redest du da für einen Blödsinn?

ROSI: Juden kommen alle ins KZ. Hast du selbst einmal gesagt.

FUCHS: Herrgott, ja, vielleicht kommen's hin. Da müssen's arbeiten, ja. Aber es geschieht ihnen nix. Überhaupt nix, Paul, glaub mir. Ich ... *Mühsam:* ... bin doch selber in der Partei. Ich müßt's doch wissen.

Die Kinder sehen ihn stumm an.

Er nimmt sich zusammen: Schrecklich ... *Starrt den Jungen an.* Ich hab dich nie für einen Juden gehalten.

Sirenen beginnen zu heulen, Tanzmusik aus.

ANSAGERSTIMME: Achtung! Der gemeldete feindliche Kampfverband fliegt von Süden her mit Nordkurs in das Stadtgebiet von Groß-Wien ein. Es wird Fliegeralarm gegeben. Suchen Sie die Luftschutzkeller auf.

Sirenen sterben ab. Im Radio beginnt die Uhr des Luftschutzsenders zu ticken. Sie tickt weiter durch die ganze Szene.

FUCHS *ratlos*: Was jetzt?

PAUL: Gehen Sie mit der Rosi runter, Herr Fuchs. Ich bleib heroben.

FUCHS: Wenn ich mit der Rosi runtergeh, muß ich die Wohnung offenlassen, damit der Luftschutzwart rein kann.

PAUL: Ich versteck mich.

FUCHS: Und wenn eine Brandbombe reinfliegt? Du redst dich leicht! Du bist ein Jud, dir ist jetzt alles wurscht! Aber ich bin in der Partei, und der Gasselseder ist mein Luftschutzwart und mein Ortsgruppenleiter!

Schritte.

ROSI: Pscht! *Sie dreht blitzschnell das Licht aus.*

GASSELSEDER, *unsichtbar, schlägt draußen gegen die Tür, klingelt, klopft wieder*: Herr Fuchs? Rosi?

Die drei im Dunkeln schweigen.

Sind Sie daheim, Herr Fuchs?

Keine Antwort.

Parteigenosse Fuchs, wenn Sie daheim sind, ist es Ihre Pflicht, den Luftschutzraum aufzusuchen!

Sehr laut: Drei Abschüsse der Flak. Danach Motorengebrumm.

GASSELSEDER *brüllt*: Volle Deckung! *Man hört ihn die Stiegen hinunterrasen.*

FUCHS *aufatmend*: Gott sei Dank macht der Hundling sich immer gleich in die Hosen.

Rosi schleicht zum Fenster, zieht die Verdunklung hoch und öffnet.

Man sieht draußen Scheinwerfer über den Nachthimmel und durch das Schneetreiben irren.

ROSI: Damit wir die Fensterscheiben nicht ins Zimmer kriegen.

Dialog von nun an leise.

FUCHS *mit freudloser Genugtuung*: So, jetzt müssen wir alle oben bleiben.

PAUL *ernst*: Mir ist es egal. Ich möcht nimmer leben ohne meine Eltern.

Drei sehr laute Flakabschüsse.

FUCHS: Die Kinder! Nicht mal die Kinder verschonen sie! *Zu Paul: Ja,* ich will dir helfen. Aber *wie*? Ja, ich will dich verstecken! Aber *wo*?

ROSI: Hier in der Wohnung. Die paar Monate...

FUCHS: Paar Monate?

PAUL: Mein Vater hat gesagt, jetzt, wo Stalingrad im Eimer ist, muß es bald aufhören.

FUCHS *in seiner Schwäche*: Habt's ihr eine Ahnung! Die hör'n nicht auf, so lang ein Stein auf'm andern steht.

Pause.

Die Kinder sehen Fuchs an. Er wendet sich halb ab.

ANSAGERSTIMME: Achtung, eine Luftlagemeldung: Der feindliche Kampfverband befindet sich mit wechselnden Kursen noch immer über dem Stadtgebiet. Teilformationen kreisen in den Abschnitten drei, acht und elf. Bleiben Sie unbedingt im Luftschutzkeller.

FUCHS: Sie sperren mich ein, wenn sie dich finden! *Zu Rosi:* Und was wird dann aus dir?

Die Kinder schweigen, Fuchs weicht ihren Blicken aus.

PAUL *zuletzt*: Also, ich muß weg?

FUCHS *zwingt sich zur Brutalität*: Ja.

ROSI: Wohin?

FUCHS *schweigt.*

ROSI: Vater, *wohin?*

Fuchs schweigt weiter. Unwirkliche Stille.

Paul erhebt sich langsam. Geht langsam zum Fenster.

PAUL *im Paroxysmus seiner Verzeiflung plötzlich brüllend*: Herr Gasselseder! Luftschutzwart! Ortsgruppenleiter! Hier bin ich! Der Paul Keller! Der Judenbub!

FUCHS *stürzt sich auf ihn, hält ihm den Mund zu*: Wenn das wer hört!

PAUL *im Kampf mit ihm*: Alle soll'n 's hören! Hier oben bin ich! Holt's mich doch endlich! Bringt's mich um!

FUCHS *bemüht sich verzweifelt, ihn zum Schweigen zu bringen*: Halt's Maul! Ich fleh dich an! Ich tu alles, was du willst, aber halt's Maul!

PAUL *in Raserei*: Hier! Hier! Hier!

FUCHS *außer Atem*: Ich versteck dich auch – aber halt's Maul!

Paul verstummt keuchend, Fuchs steht ihm keuchend gegenüber. Draußen heulen die Sirenen Entwarnung.

ANSAGERSTIMME: Der feindliche Kampfverband ist aus dem Stadtgebiet von Groß-Wien ausgeflogen. Es fand keine Kampftätigkeit statt. Der Verband fliegt zur Zeit mit Nordostkurs in Richtung Prag. Für Wien wird Entwarnung gegeben.

Die Uhr tickt weiter. Die drei stehen sich stumm gegenüber. Dann geht Rosi zu Fuchs, zieht ihn zu sich herab und küßt ihn auf die Wange.

ROSI *selig*: Ich hab's ja gewußt!

Entweder ist der Fall damit für sie erledigt, oder sie will dem Vater keine Zeit lassen, es sich noch einmal anders zu überlegen: Jedenfalls läuft sie sofort zum Fenster, schließt es, läßt die Verdunklung herunter und dreht wieder das elektrische Licht an.

PAUL *tritt indessen zu Fuchs und verneigt sich vor ihm*: Danke, Herr Fuchs.

Bevor Fuchs antworten kann, fegt Rosi an ihnen vorüber und zieht Paul mit sich ins Nebenzimmer.
Fuchs ist nun allein. Er nickt und murmelt vor sich hin. Voll Furcht und tief in Gedanken räumt er den Tisch ab, bringt das Geschirr zum Abwaschbecken, etc. Dabei schüttelt er den Kopf, murmelt wieder, und nun verstehen wir, was er sagt ...

FUCHS: Soll ich es tun? ... Er ist doch mein Freund ... Aber vielleicht ist es falsch ... Gib mir ein Zeichen, lieber Gott ... *Bleibt, Teller in der Hand, stehen, sieht ins Leere und versucht, sich an Worte zu erinnern, die er gelesen hat:* ... ein Zeichen ... laß mein Gebet zu Dir kommen ... zu Dir kommen ... *Er stellt die Teller fort, nimmt ein kleines Buch von einem Wandbord, setzt sich an den Tisch und blättert; nun liest er, die Zeilen mit dem Finger nachfahrend.* ... laß mein Gebet zu Dir kommen, neige Dein Ohr meinem Geschrei ... *Stockend:* ... denn unsere Seele ist voll Jammer, und unser Leben ist nahe dem Tode ... *Er rückt an seiner Brille und liest weiter:* Du hast uns in eine dunkle Grube hinuntergelegt und in die Tiefe, und wir sind jämmerlich vor Elend. *Er schlägt ohnmächtig auf den Tisch, lauter:* Wir schreien zu Dir, Herr! Verhülle nicht Dein Antlitz, sondern gib uns ein Zeichen. Laß eine Feuersbrunst entstehen in Deinem Weinberg und sie lodern zum Himmel empor, auf daß sie unsere Finsternis erleuchte und wir den rechten Weg erkennen. *Er vergräbt das Gesicht in den Händen und stöhnt:* Muß ja nicht gleich eine Feuersbrunst sein, lieber Gott, irgendein kleines Zeichen gib mir, damit ich weiß, ob ich es tun soll ...
Pause.

Rosi *kommt herein, tritt neben Fuchs und sieht ihn beklommen an*: Vater...

Ffuchs *blickt auf.*

Rosi: Der Paul hat solche Angst. Ich auch.

Fuchs *schweigt.*

Rosi: Du auch, gelt?

Fuchs *nickt*: Ich hab 'n lieben Gott gerade gebeten, daß er mir ein Zeichen gibt, ob ich ihm schreiben soll.

Rosi: Wem schreiben soll?

Fuchs: Einem Schulfreund. Ich hab nämlich auch einen. Also, was der sagt, das muß sein, da gibt's nix! So berühmt ist der und mächtig!

Rosi *ehrfürchtig*: Wer?

Fuchs: *Der Hermann Göring!*

Rosi *aufgeregt*: Du kennst den Hermann Göring? Warum hast du mir denn das nie erzählt?

Fuchs: Ich hab nicht auftrumpfen wollen damit. Daß die Leut nicht denken, ich protz mich. *Wird lebhafter, weil er ihr die Angst nehmen will:* Ich bin doch in Rosenheim groß geworden. Da sind wir in die Volksschule gegangen zusammen. Blöd war er nicht, der Göring, gar nicht. Aber faul! Also, so was Faules hat die Welt noch nicht gesehen! Immer hat er gesagt: Zu was soll ich lernen, Ludwig, wenn ich doch alles abschreib bei dir!

Rosi: Der Paul läßt mich auch immer abschreiben.

Fuchs: Ja, aber einmal, da hat der Rechenlehrer was gespannt und uns auseinandergesetzt bei einer «Schriftlichen». Natürlich kriegt der Göring sofort eine Vier.

Rosi *vergißt ihre Angst und lacht, kindlich amüsiert.*

Fuchs *lacht gleichfalls kurz*: Kommt er zu mir, ganz verzweifelt und sagt, jetzt fällt er durch zu den großen Ferien, und seine Mutter haut ihm's Kreuz ab. Und da hab ich ihn also sozusagen gerettet.

ROSI: Wie?

FUCHS: Die Rechenarbeit hat nur so gewimmelt von roten Strichen an den falschen Stellen. Na, ich kauf mir ein Flaschel rote Tinte und mach noch ein paar Striche dazu, aber an *richtigen* Stellen. Dann schick ich den Göring zum Rechenlehrer, und der Göring sagt, bitte, Herr Lehrer, diese fünf Stellen, da begreif ich nicht, was da falsch ist! Der Lehrer schaut sich die Stellen an und sagt, die sind gar nicht falsch, die sind richtig, und er muß sich geirrt haben beim Korrigieren. Da sagt der Göring: Wenn sie richtig sind, dann kann ich aber auch keine Vier kriegen. Das beeindruckt den Lehrer, und er kriegt eine Drei – und was soll ich dir sagen, er ist durchgekommen zu den großen Ferien!

ROSI *lacht wieder*: Das muß ich mir merken.

FUCHS: Von dem Tag an hat er immer getan, was ich ihm geraten hab. Auch noch nach der Volksschule. Jahrelang. Durch 'n ganzen Krieg haben wir korrespondiert zusammen. Erst neunzehnhundertdreiundzwanzig, wie er mit'm Hitler zur Feldherrnhalle marschiert ist, haben wir uns entzweit. Politisch. Aber dann, neunzehnhundertdreiunddreißig, wie er Ministerpräsident geworden ist und später dann Reichsmarschall, da hab ich ihm geschrieben und ihm gratuliert zu der großen Karriere.

ROSI: Und jetzt willst du ihm wieder schreiben?

FUCHS *nickt stumm und von Zweifeln gequält.*

ROSI: Was denn?

FUCHS: Daß er ein End machen muß mit'm Krieg, eh daß wir alle verloren sind.

ROSI: Meinst, er tut's?

FUCHS: Wenn ich mit ihm reden könnt, ja. Ich glaub, ich hab noch immer einen sehr großen Einfluß auf ihn. Und er wiederum, er könnt die andern beeinflussen, den Hitler, den Goebbels. Warum schaust mich so an?

ROSI: 'leicht sperrt er dich ein.

FUCHS: Seinen *Schulfreund*? *Zeigt an seinen Hals:* Eher läßt er sich hier hinein stechen.

ROSI: Oder es macht wer Falscher den Brief auf.

FUCHS *spricht sein Credo*: Ah, das gibt's nicht!

ROSI: Na!

FUCHS *leidenschaftlich*: Wenn ich draufschreib *Privat* und *Persönlich*? Ja, was *glaubst* du denn, Kind? Das habens' mir beigebracht, gleich wie ich zur Post gekommen bin: Das Briefgeheimnis, das ist heilig! Niemand darf einen Brief aufmachen, der nicht an ihn adressiert ist!

PAUL *stürzt herein*: Rosi ... Herr Fuchs ...

ROSI: Is dir schlecht?

PAUL *außer sich*: Es brennt! Der ganze Himmel ist rot!

FUCHS *erhebt sich langsam*: Es brennt ...

PAUL: Und wie! Aufgewacht bin ich vom Widerschein! Da muß was explodiert sein! Vielleicht ein Zeitzünder!

FUCHS *still*: Mach die Verdunklung auf, Rosi.

Rosi dreht das Licht aus und zieht die Verdunklung hoch. Der Nachthimmel ist blutigrot erhellt. In der Ferne wütet ein gewaltiges Feuer.

ROSI *aufgeregt*: Uj!

Sie starren das Feuer in der Ferne an.

PAUL *aus der Finsternis*: Das muß in Pötzleinsdorf sein! Oder in Neustift am Wald!

ROSI: Ich glaub, noch weiter.

PAUL: Dann ist es in den Weinbergen!
FUCHS *tonlos*: Was sagst?
PAUL: Ich sag, dann ist es in den Weinbergen!

DUNKEL

2

EIN ZIMMER IM REICHSLUFTFAHRTMINISTERIUM

Hinter zwei Schreibtischen Hauptmann Kühn und Hauptmann Sander. Der Hauptmann Sander ist älter, hat nur noch einen Arm und sieht traurig aus. Der Hauptmann Kühn hat noch beide Arme. Er sieht nicht traurig aus. An der Wand ein großes Bild Hermann Görings in Uniform, mit zahlreichen Orden. Der Herr Reichsmarschall lächelt sieghaft.
Es erscheint eine hell angestrahlte Tafel mit dieser Zeitangabe:

2. FEBRUAR 1944, BERLIN

Herein drei Soldaten, welche zwei Waschkörbe voll Post und eine gewaltige Torte tragen.
Die Tafel verschwindet.

DIE DREI SOLDATEN: Heitler!
DIE ZWEI OFFIZIERE: Heitler!
ERSTER SOLDAT: Die Post für den Herrn Reichsmarschall.

Weist auf den linken Korb: Privat und persönlich. *Weist auf den rechten Korb:* Neutral und Geschenke.

KÜHN: Privat und persönlich hierher.

Die Soldaten schleppen den linken Korb zwischen die beiden Schreibtische.

Kühn wühlt im rechten Korb: Neutrale Post verbrennen wie immer. Geschenke unter den Wachen verteilen. Mensch, die Torte!

ERSTER SOLDAT *grinsend*: Von Zuckerbäcker Sebastian Lustkandl aus München. Naturgetreue Nachahmung eines Feldflughafens. Dem Herrn Reichsmarschall mit einem dreifachen Sieg-Heil!

Die drei Soldaten beeilen sich, das Bauwerk milde-ironisch zu erläutern.

ZWEITER SOLDAT: Belieben Herr Hauptmann die schweren Transporter zu beachten. Reine Schokolade!

DRITTER SOLDAT: Das Jagdgeschwader aus Zuckerguß. Bordwaffen und Propeller aus Pistazien.

ERSTER SOLDAT: Bomben aus Nougat.

KÜHN: Und drei Stukas aus Marzipan. Laßt die Torte hier.

Er ißt zwei Stukas.

DIE DREI SOLDATEN: Heitler! *Ab mit dem rechten Korb.*

Sander hat indessen begonnen, dem zweiten Korb Briefe zu entnehmen und sie zu lesen.

KÜHN *schmatzend*: Willst du nicht auch? Schmeckt prima.

Sander antwortet nicht, er starrt einen Brief an, den er geöffnet hat.

He, Hans!

SANDER, *nervös, fährt sich mit der ihm verbliebenen Hand über das graue Gesicht*: Diese Scheißarbeit hier!

KÜHN: Tck, tck. Schon wieder *so* was?

SANDER: Immer privat und persönlich. Und immer mach *ich* sie auf! *Liest:*

«Sehr verehrter Herr Reichsmarschall!

Am Freitag, dem Fünfzehnten dieses, soll mein einziger Sohn Herbert wegen Wehrkraftzersetzung in Wandsbek durch das Beil hingerichtet werden. Das Gnadengesuch wurde verworfen. Um der Barmherzigkeit Gottes willen flehe ich Sie an, Milde walten zu lassen und meinem unglücklichen Sohn das Leben zu schenken.»

KÜHN, *der bessere Nerven hat, während er gleichfalls anfängt, Briefe zu öffnen*: Die Leute glauben, Hermann kann zaubern. Wer weiß, was der Junge ausgefressen hat?

SANDER *steht auf und geht zu einem Schrank, den er öffnet. Mit dem Rücken zu Kühn holt er eine Flasche hervor, setzt sie an die Lippen und nimmt einen großen Schluck. Schüttelt sich und stellt die Flasche zurück.*

KÜHN *entsetzt*: Also weißt du, das ist ja ein bißchen arg. Am Vormittag!

SANDER *setzt sich wieder*: Schnauze!

KÜHN *will ihn aufheitern*: Hör mal den! *Liest:* «... meine beiden Brüder über England abgeschossen. Ich selbst bin erst sechzehn, aber in der Flieger-HJ. Ich bitte höflichst, eine Ausnahme zu machen und mich schon jetzt in die Luftwaffe aufnehmen zu wollen, damit ich für Deutschlands Zukunft fliegen kann. Heil Hitler! Helmut Schindler.» *Er lacht; Sander lacht nicht.*

Mit dir ist heute morgen aber auch *nischt* los!

SANDER *sehnsüchtig*: Ich träume jetzt immer wieder denselben Traum. Ich bin in Kitzbühel. Es ist März. Die Sonne scheint, und da, wo auf den Wiesen der Schnee weggeschmolzen ist, blüht gelber Krokus. Alles gelb von

Krokus! Milde Luft. Ich gehe durch den Wald zum Hahnenkamm hinauf. Der Boden ist noch ganz weich von verfaultem Laub. Ich trage einen grauen Anzug und leichte italienische Halbschuhe. Das träume ich jetzt immer...

KÜHN *freundlich*: Kitzbühel – ist ja nicht aus der Welt! Fahr doch hin beim nächsten Urlaub.

SANDER: Zuletzt war ich neunzehnhundertachtunddreißig da, im März. Seither nicht mehr. Immer kam was dazwischen. Mal war ausverkauft, mal wurde mein Urlaub gestrichen. Dann Rußland. Jetzt sitze ich hier. Ich fühlte mich so wohl in Kitzbühel...

KÜHN: Mir gefällt's in Berlin. Ich habe endlich meine Frau bei mir und die Kleine. Abends kommen Freunde. Wir spielen Klavier und singen ein bißchen. Ich bin zufrieden. Jetzt hör dir das an! *Liest:* «Lieber Schulfreund Hermann! Gott der Allmächtige hat mir befohlen, mich mit Dir in Verbindung zu setzen. Gewiß erinnerst Du Dich noch an mich, obwohl wir solange getrennt sind.» *Grunzt:* Das ist doch mal was Neues! *Liest weiter:* «Du weißt, wie wohl Du in der Vergangenheit immer gefahren bist, wenn Du auf mich gehört hast. Höre darum auch heute auf mich. Wir tun zuviel Unrecht in unserem Land und in anderen Ländern, es kann nicht mehr gut gehen. Die Tage des Dritten Reiches sind gezählt. Erkenne Hermann, daß Du mit dem Teufel im Bunde bist –» *Wird ernst.* Na da, das ist ja ein bißchen stark! *Liest weiter:* «Es muß ein Ende sein mit diesem Krieg, und zwar schnell, sonst stehen zuletzt die Russen an der Oder oder die Amerikaner am Rhein, und keiner nimmt es Dir dann noch ab, wenn Du sagst, Du hast nur das

Beste gewollt. Laß mich sofort nach Berlin kommen, dann will ich Dir erklären, wie Du es anfangen mußt, damit unsere Feinde uns noch einen guten Frieden geben. Ich habe präzise Vorschläge. Aber antworte umgehend, denn die Zeit drängt. Mit den besten Grüßen Dein alter Schulfreund Ludwig Fuchs.» Aus ... *Er sieht auf dem Kuvert nach:* Wien. Wie finde ich denn so was? *Er reicht den Brief Sander.*

SANDER *liest*: Religiöser Verrückter. Armer Teufel. *Lenkt ab:* Weißt du, auf dem Südhang gab's auch schon Veilchen. Anfang März, denk doch. So warm war es. *Er wirft den Brief des Fuchs in den Papierkorb.*

KÜHN: Moment mal, was machst du da?

SANDER: Ich werfe den Brief weg.

KÜHN: Ja, das sehe ich. Du bist wohl lebensmüde.

SANDER: Wenn der Brief weitergeht, ist doch der Mann im Arsch!

KÜHN *zeigt mit dem Daumen auf das Bild des Hermann Göring*: Und der da?

Sander sieht das Bild an; es ist von nun an sozusagen der dritte Mitwirkende der Szene.

SANDER: Der weiß von nichts.

KÜHN: Und wenn der Verrückte noch einmal schreibt?

SANDER: Dann werfe ich auch den zweiten Brief weg.

KÜHN: Und wenn du gerade nicht Dienst hast? Und wenn gerade Tossen Dienst hat, das Schwein? Und Tossen schickt den zweiten Brief dem da? *Daumen.* Und Hermann fragt uns: Wo ist denn der *erste* Brief, meine Herren?

SANDER: Der Kerl schreibt nicht mehr.

KÜHN: Darauf kann ich mich nicht verlassen! Ich bin Familienvater! Ne, Hans, kommt nicht in Frage! Zwei Jahre Rußland habe ich hinter mir!

SANDER *bitter*: Ich auch.

KÜHN: Darum solltest du gescheiter sein. Wir haben hier einen schicken Druckposten gefunden. Gibt's eine ruhigere Kugel zu schieben? Wenn der da uns was nachweisen kann, sind wir doch, schumm, in einer Strafkompanie. *Laut:* Ich nicht! Ich will nicht zu guter Letzt noch für einen dämlichen Wiener verrecken, dem der liebe Gott was befohlen hat!

SANDER: Und ich will nicht, daß zu guter Letzt noch dieser dämliche Wiener verreckt!

KÜHN *väterlich*: Nun mach aber einen Punkt, Hans. Was heißt denn das? Einer, der solche Briefe losläßt, muß doch wissen, was er da riskiert! Ich schreibe doch auch nicht solche Briefe! *Tröstlich:* Außerdem, laß mal, vielleicht hat der Idiot Glück.

SANDER: Glück?

KÜHN: Und Hermann lacht sich nur einen Ast und schickt ihm ein paar Pullen Schnaps. Du weißt doch, wie er ist! Mal so, mal so. Alles, um populär zu sein. Wer Jude ist, bestimme ich – das hat er schließlich auch gesagt.

SANDER: Und was den Juden das geholfen hat!

KÜHN: Bitte, bitte! Ein paar sind durch ihn rausgekommen.

SANDER: Sieben Todesurteile.

KÜHN *sehr nervös*: Was, was, was?

SANDER: Hat er bestätigt in der letzten Woche. Kameraden aus der Luftwaffe.

KÜHN: Ich sage doch, mal so, mal so! Als Udet abstürzte, hat er geweint. Vielleicht erwischt ihn der Brief da auch in einem sentimentalen Moment.

SANDER: Und vielleicht nicht.

KÜHN: Herrgott im Himmel, Hans, du kennst doch diesen Wiener überhaupt nicht! Scheiß auf ihn! Ich verstehe dich nicht. Ein Mensch in deinem Alter. Ohne Familie. Ohne Sorgen. Und will sich unter allen Umständen unglücklich machen. Das ist nur dieser verfluchte Schnaps. Der bringt dich noch um den Verstand. *Er bückt sich und holt den Brief des Fuchs aus dem Papierkorb.*

SANDER: Du schickst ihn also weiter?

KÜHN *schlägt geschäftsmäßig einen Datumstempel auf den Brief, macht eine Notiz*: Selbstverständlich. Das muß den vorgeschriebenen Weg gehen. Registratur. Gestapoaußenstelle. Hermann.

SANDER *steht langsam auf*: Ich nehme alles auf mich. Du hast den Brief nie gesehen. *Ich* habe ihn weggeworfen.

KÜHN: Ne, ne, kein Risiko.

SANDER *brüllt*: Gib her!

KÜHN *stößt ihn zurück*: Du bist wohl wahnsinnig geworden!

SANDER *außer sich*: Ich will nicht immer wieder mit daran schuld sein! *Er entreißt Kühn den Brief und schlägt ihm dabei mit dem Ellbogen so heftig gegen die Brust, daß Kühn, zurückweichend, über einen Stuhl stürzt; in größter Hast holt Sander ein Feuerzeug aus der Tasche und knipst es mehrmals an; das Feuerzeug funktioniert nicht; Sander schleudert es fort, sieht sich um und entdeckt eine Streichholzschachtel; er packt sie und versucht ein Hölzchen anzuzünden, was ihm mit einer Hand nicht gleich gelingt.*

KÜHN *erhebt sich, springt an seinen Schreibtisch und reißt den Telefonhörer ans Ohr*: Zentrale? – Geben Sie mir die Gestapoaußenstelle ... Schnell, Sie Trampel ... Hallo! Hallo! Hier Hauptmann Kühn –

Als Kühn die Gestapoaußenstelle verlangte, sind Sander die Streichhölzer aus der Hand und auf den Fußboden gefallen. Nun schiebt er den Brief des Fuchs mit einem grausigen Ausdruck der Selbstaufgabe über den Tisch zu Kühn hinüber. Dieser reagiert schnell.

Entschuldigen Sie, Gruppenführer, falsch verbunden. Kleiner Irrtum, hahaha! *Legt auf, nimmt den Brief; seine Stimme klingt erleichtert:* Na also, du blöder Hund!

DUNKEL

3

EINE ZELLE

Darin der Muttermörder Wondracek, in einem Buche lesend.

Es erscheint eine hell angestrahlte Tafel mit dieser Zeitangabe:

15. MÄRZ 1944, WIEN

Die Tafel verschwindet.

MUTTERMÖRDER *liest laut*: «... und so lehre ich euch denn, daß es höhere und niedere Menschen gibt. Der alle Werte bestimmt und den Willen der Jahrtausende lenkt, das ist der *höchste* Mensch. So daß also nicht die MENSCHHEIT das Ziel ist, sondern der ÜBERMENSCH ...»

Die Zellentür wird geöffnet. Auftritt des freundlichen Wärters.

WÄRTER: Was lesen S' denn da, Herr Wondracek?

MUTTERMÖRDER: Friedrich Nietzsche, den Lieblingsphilosophen des Führers.

WÄRTER: Dann is es gut. Ich such nämlich noch immer nach

dem französischen Sittenbild, das sie eingeschmuggelt haben vorige Woche. *Macht eine einladende Handbewegung:* Bitte sehr, Herr Fuchs.

FUCHS *tritt ein; er trägt Zivil, jedoch keine Krawatte, keinen Gürtel und keine Senkel in den Schuhen, genau wie der Muttermörder; Fuchs sieht erschöpft und elend aus; er fürchtet sich sehr; in der Hand hält er die kleine Bibel*: Guten Tag.

MUTTERMÖRDER *unwirsch*: Tag.

WÄRTER *gemütlich*: Natürlich bissel eng für zwei Leut, aber was sollen wir machen? Wir wissen ja nicht mehr, wo uns der Kopf steht! Im zweiten Stock, bei die Herren Wehrkraftzersetzer, ist alles überfüllt, da hätt ich Sie nicht unterbringen können, nicht beim besten Willen von der Welt. Dann, im dritten Stock, bei die Herren Päderasten, also die wollen unbedingt unter sich bleiben, da gibt's immer nur Scherereien, wenn wir denen einen Politischen unterschieben. Hier heroben is es noch am angenehmsten. Und am hellsten. Sehen S' den Stefansdom?

FUCHS: Ja.

WÄRTER: Machen S' dem Herrn doch bissel einen Platz, Herr Wondracek!

Der Muttermörder rückt unwillig auf seiner Pritsche zur Seite.

Zu Fuchs: Wenn S' einen Wunsch haben, bittschön nur zu klopfen. *Ab.*

FUCHS *verneigt sich vor dem Muttermörder*: Fuchs.

MUTTERMÖRDER *mürrisch*: Du bist also ein Politischer?

FUCHS: Ja.

MUTTERMÖRDER: Mit jedem Gesindel sperren sie einen zusammen. *Hoffnungsvoll:* Schnarchst du vielleicht?

FUCHS *demütig*: Manchmal.

MUTTERMÖRDER *wird besserer Laune*: Das ist fein! Wenn du schnarchst, hau ich dir gleich ein paar aufs Maul. Das möcht das psychiatrische Gutachten stützen.

FUCHS: Was möcht es?

MUTTERMÖRDER: Ich mach doch auf'n Paragraphen einundfünfzig. Den Jagdschein, verstehst?

FUCHS *unglücklich*: Kein Wort.

MUTTERMÖRDER: Na, ich hab doch meine Mama erschlagen, mit'm Hackl. Der Staatsanwalt is in einem tragischen Irrtum. Er glaubt, es war Raubmord. Meine Mama hat nämlich einen Haufen Geld gehabt, in zwei Strümpf. Und ich bin ein asozialer Arbeitsscheuer. KP in der Sippe. Der Vater ein tschechischer Untermensch. So hat er es sich jedenfalls zusammengereimt in seiner Unwissenheit, der Herr Staatsanwalt. Weil nämlich die Strümpf mit dem Geld waren verschwunden. Darauf habens' mich in der ersten Instanz zum Tod verurteilt. *Interessiert:* Bist du auch schon so weit?

FUCHS: Noch nicht. Vielleicht, daß sie bei der nächsten Verhandlung fertig werden. Sie haben schrecklich viel zu tun.

MUTTERMÖRDER *spuckt aus*: Viel zu tun! *Faul* sind sie alle miteinander! Zwanzig Todesurteile in einer Woche! Ist das ein Tempo? Aber *mir* Arbeitsscheu vorwerfen, das hab ich gern! *Vertraulicher:* Die lassen sich absichtlich Zeit, und weißt du, warum?

FUCHS: Warum?

MUTTERMÖRDER: Unser Luftschutzkeller ist zu klein. Bei den dauernden Angriffen, da wollen die Herren Beamten natürlich ihr sicheres Platzel haben. Aber wenn sie uns alle hinunterlasserten in 'n Keller, nachher möchte ihnen ein zu großes Gedränge sein. Und so ziehen sie's hinaus mit den Todesurteilen, so lange sie können. Aber nicht mit mir! Bei *jedem* Alarm, das ist ihre *beschworene* Pflicht, müssens' mich hinunterführen, dorthin, wo's am tiefsten ist. Warum? Ich bin zum Tod verurteilt. Jetzt heißt's aufpassen, daß mir um Gottes willen nix passiert.

FUCHS: Und ich bleib heroben?

MUTTERMÖRDER: Freilich! Da is nix mit Keller, wenn sie dich noch nicht zum Tod verurteilt haben. Der Wärter hat dich reingelegt, siehst es jetzt? Was glaubst, was die Sittlichkeitsverbrecher ihm zahlen, daß sie in den dritten Stock kommen? Und erst die Wehrkraftzersetzer! Was bist denn du?

FUCHS: Geldbriefträger.

MUTTERMÖRDER: Und wieso politisch?

FUCHS: Ich habe dem Göring geschrieben, er soll aufhör'n mit'm Krieg. Er is mein Schulfreund.

MUTTERMÖRDER *erleidet einen Lachanfall*: Aaahhh! Aaaahhhaha! Halt's mich fest, ich scheiß mich an! Ein fetteres Schwein hast du dir auch nicht aussuchen können!

FUCHS *stürzt sich auf ihn, stößt ihn gegen die Wand, ohrfeigt ihn*: Ich verbitte mir das! Ich dulde nicht, daß Sie was auf'n Göring sagen, verstanden?

MUTTERMÖRDER, *beeindruckt von der Attacke des Schwächeren*: Um Gottes willen, reg dich nicht so auf, man wird doch noch reden dürfen!

FUCHS *leidenschaftlich*: Nicht übern Göring! Das is ein anständiger Mensch. Auf den laß ich nix kommen!

MUTTERMÖRDER: Na, hör mal!

FUCHS: Was kann man ihm nachsagen? Ein vorbildlicher Offizier war er! Nachfolger vom berühmten Richthofen! Den Pour le mérite hat er gekriegt! Haben Sie den Pour le mérite? Na also! Sogar die Engländer verneigen sich vor seiner Ritterlichkeit im Luftkampf! Der hat mehr Mut im kleinen Finger wie wir zwei zusammen!

MUTTERMÖRDER: Wenn er so prima is, warum hat er denn dann erlaubt, daß sie dich einnähen?

FUCHS: Er hat's nicht verhindern können.

MUTTERMÖRDER: Wieso nicht?

FUCHS: Mein Brief ist aufgemacht worden. Von Leuten in seinem Büro. Jetzt haben welche gewußt davon. Darum hat er zulassen müssen, daß die Gestapo verständigt wird, warum, sonst hätte er selber Krach gekriegt. *Seufzt:* Vorausgesehen hat's meine kleine Tochter.

MUTTERMÖRDER: Was?

FUCHS: Daß es keine Treu mehr gibt und keinen Glauben in unserem Land, daß sie's Briefgeheimnis brechen, und daß man heutzutage privat und persönlich auf einen Brief schreiben kann, und doch machen sie ihn auf. Das hat mich am meisten erschüttert von allem.

MUTTERMÖRDER: Ich möcht sagen, sie machen *nur* die auf, wo steht privat und persönlich. Ihr Politischen seid's lauter Spinner. Kein Boden unter den Füßen, kein Sinn für Realitäten. Ich les jetzt Nietzsche. Der spinnt auch so, daß einem die Ohren schlackern. Ich hab eine Heidenangst vor Idealisten.

FUCHS: Und was sind Sie?

MUTTERMÖRDER: *Ich?* Ich glaub nur an die reine Vernunft. Schau, ein Beispiel: Mein Anwalt, der plädiert in der Berufung, daß ich verrückt bin. Ich kann's nicht leiden, wenn wer schnarcht. Meine Mama, die hat geschnarcht, daß die Wände gewackelt haben. So ist es denn stärker gewesen als ich.

FUCHS: Aber die Strümpf mit'm Geld?

MUTTERMÖRDER *a tempo rabiat*: Da weiß ich nichts davon! Ich wart auf meinen Anruf, daß sie mich in die Irrenanstalt bringen und untersuchen. *Klopft an die Stirn: Hier* muß man es haben! *Zeigt auf sein Herz:* Das hier is nix.

FUCHS *einfach*: Und doch denk ich immer, der Herrgott läßt mich nicht verkommen.

Die Zellentür wird geöffnet. Der freundliche Wärter tritt ein.

WÄRTER: Da is ein Antrag von der Psychiatrischen auf Überstellung eines Gefangenen zwecks Untersuchung.

MUTTERMÖRDER *triumphiert*: Was hab ich dir gesagt? *Er macht sich reisefertig.*

WÄRTER: Sie nicht, Herr Wondracek. Der Herr Fuchs.

FUCHS *erschrocken*: *Ich?*

MUTTERMÖRDER: Das muß ein Irrtum sein! Das is ein Politischer! Der Verrückte bin ich!

WÄRTER: Machen S' keine Umständ, Herr Wondracek, hier steht es schwarz auf weiß: Fuchs Ludwig, Geldbriefträger. Sind Sie das, ja oder nein?

FUCHS *überwältigt*: Ja.

WÄRTER: Dann kommen S' mit.

Wärter und Fuchs ab.

MUTTERMÖRDER *sinkt auf seine Pritsche*: Das ist eine Gerechtigkeit!

DUNKEL

4

EIN ORDINATIONSZIMMER

Trüber Tag. Graues Licht. Bücher an den Wänden. Ärztliches Gerät. Ein Schreibtisch, darauf ein Telefon. Professor Strohbach und sein Oberarzt Dr. Lerch. Der Professor ist ein Mann im Alter des Briefträgers Fuchs, jedoch über seine Jahre verbraucht, weißhaarig und erfüllt von einem Furchtgefühl, das an Verfolgungswahn grenzt. Sein Oberarzt ist 40 Jahre alt, ein gutaussehender, glatter und eiskalter Typ, dessen aufdringliche Höflichkeiten darum besonders unangenehm wirken. Der Oberarzt steht vor seinem sitzenden Vorgesetzten.
Es erscheint eine hell angestrahlte Tafel:

DER PARAGRAPH 51 DES DEUTSCHEN STRAFGESETZBUCHES LAUTET:
EINE STRAFBARE HANDLUNG IST NICHT VORHANDEN, WENN DER TÄTER ZUR ZEIT DER TAT WEGEN BEWUSSTSEINSSTÖRUNG, WEGEN KRANKHAFTER STÖRUNG DER GEISTESTÄTIGKEIT ODER WEGEN GEISTESSCHWÄCHE UNFÄHIG IST, DAS

UNERLAUBTE SEINER TAT EINZUSEHEN ODER NACH DIESER EINSICHT ZU HANDELN.

Darunter steht:

15. MÄRZ 1944, WIEN

Die Tafel verschwindet.

LERCH *lächelnd*: Wenn ich um die Liste bitten dürfte, Herr Professor.

STROHBACH *sehr nervös*: Ja, natürlich, Herr Kollege, morgen. Ich habe sie noch nicht unterschrieben.

LERCH *abstoßend höflich*: Ich legte die Liste schon vor drei Tagen vor. Zehn Patienten wurden für heute eingeteilt. Wenn Herr Professor darum sofort unterschreiben wollten...

STROHBACH *fahrig*: Ich... ich muß noch einmal die Untersuchungsberichte lesen.

LERCH: Die Untersuchungsberichte wurden von mir persönlich ausgewertet. Haben Herr Professor Zweifel an meinen beruflichen Fähigkeiten?

STROHBACH: Verehrter Kollege, was ist das für ein Unsinn? Ich betrachte Sie als meinen wertvollsten Mitarbeiter!
Lerch sieht ihn ironisch an.
Gewiß, so ist es! Ich bin nur nicht der Mensch, der viele Worte macht. Aber sehen Sie – *nimmt die Liste in die Hand* – immerhin, sechsundzwanzig Fälle in einer einzigen Woche, das hat mich doch erschüttert. Seit Sie hier sind, haben wir fast eintausendachthundert Menschen sterilisiert.
Telefon.
Er hebt ab: Strohbach. – Wer? – Ich bedaure, aber – Ach so, bitte, natürlich. Ich erwarte Sie, Herr Haupt-

mann. *Hängt ein; zu Lerch:* Kennen Sie einen Hauptmann Sander aus Berlin?

LERCH: Nein.

STROHBACH: Komisch. Sein Zug hat sich verspätet, sagt er. Will mich sprechen. Kommt jetzt her. Hm. – Ja, Herr Kollege, es tut mir leid, aber –

LERCH: Herr Professor, ich halte mich streng an meine Weisungen. Unser Volk wird nach dem Endsieg die Führung aller anderen Völker der Erde zu übernehmen haben. Schlechte Erbmasse ist daher im Keim auszumerzen.

STROHBACH, *da Lerch zur Tür will*: Wohin gehen Sie?

LERCH *lächelnd wie zuvor*: Meinen Bericht abfassen, ich bitte recht höflich. Ich bin, wie Sie wissen, Vertrauensarzt des Reichssippenamtes. Als solcher muß ich Ihr Verhalten melden.

STROHBACH *lacht mühsam*: Jetzt habe ich Sie aber reingelegt!

LERCH *immer weiter höflich*: Ich bitte?

STROHBACH: Wollte Sie mal prüfen. Sehen, wie ernst Sie Ihre Arbeit nehmen. Kompliment, Herr Kollege, Kompliment!

LERCH: Dann kann ich die Liste also gleich mitnehmen?

STROHBACH: Selbstverständlich. *Er gibt sie ihm.*

LERCH *verneigt sich*: Ihre Unterschrift, Herr Professor, ich bitte recht höflich.

Strohbach unterschreibt, Lerch ab.
Strohbach sinkt in sich zusammen.
Es entsteht eine Pause.
Dann klopft es an die Tür.

STROHBACH *aufschreckend*: Ja?

Ein Justizbeamter führt Fuchs herein.

JUSTIZBEAMTER: Heitler. Der Briefträger Fuchs wär zur Untersuchung da.

STROHBACH *müde*: Ach so, ja. Nehmen Sie Platz, Herr Fuchs! *Zu dem Beamten:* Ich rufe Sie dann.

JUSTIZBEAMTER: Heitler. *Ab.*

STROHBACH *sucht und findet eine Akte*: Hm. Also Sie sind Herr Ludwig Fuchs.

FUCHS, *der sich bemüht, einen möglichst günstigen Eindruck zu machen*: Jawohl.

STROHBACH: Geboren?

FUCHS: Elfter Juli achtzehnhundertdreiundneunzig in Rosenheim. Römisch-katholisch. Verwitwet, bittschön.

STROHBACH: Seit wann leben Sie in Wien?

FUCHS: Seit neunzehnhundertvierzehn.

STROHBACH: Aber Sie sind doch in Rosenheim großgeworden?

FUCHS: Ich hab eine Wienerin geheiratet. Da bin ich übergesiedelt. Und österreichischer Staatsbürger geworden – neunzehnhundertfünfundzwanzig.

STROHBACH: Tja, Herr Fuchs, also, was ist los mit uns?

FUCHS *ratlos*: Ich hab das Gefühl, das Ganze is ein Irrtum, Herr Professor. Die haben uns verwechselt im Landesgericht.

STROHBACH: Nein, nein, das ist Ihre Akte, die ich hier habe. Waren Sie schon einmal bei einem Psychiater?

FUCHS *schüttelt den Kopf.*

Im folgenden stellt Strohbach bei ihm verschiedene Untersuchungen an, das heißt, er mißt seinen Schädel, blickt in die Augen, schlägt ihm mit einem Silberhammer auf das Knie, etc. Indessen Dialog.

STROHBACH: Waren Sie immer Briefträger?

FUCHS: *Geldbriefträger,* jawohl. *Er gerät ein wenig in Fahrt:* Ich hab mir den Beruf ausgesucht, denn warum, es ist der schönste von allen!

STROHBACH: Und was ist Ihrer Ansicht nach der häßlichste?

FUCHS: Gerichtsvollzieher! Selbst ist er arm, und anderen armen Leuten muß er das Letzte nehmen. Geflucht und geweint wird, wenn er kommt, die Hunde werden losgelassen.

STROHBACH: Verstehe. Aber wenn der Geldbriefträger kommt –

FUCHS: Dem schlecken noch die bösesten Hunde die Hand, warum, das ist der, wo das gute Geld bringt! Immer vergnügt sind die Leute, wenn sie mich sehen. Einen Schnaps geben sie aus. Manchmal krieg ich eine Zigarette. Das Geld, das ich trag, ist gar nicht meines, aber immer komm ich mir vor wie ein reicher Mann, der alles verschenkt. *Ernüchtert:* Na ja, damit is es jetzt auch vorbei.

STROHBACH: Was haben Sie da für ein Buch?

FUCHS: Meine Bibel.

STROHBACH *geniert*: Ah. Dort liegen ein paar Dreiecke auf dem Tisch. Können Sie die schnell zu einem Quadrat zusammensetzen?

Fuchs tut es schnell.

Hm. Schauen Sie zum Fenster. Jetzt zur Tür. Wiederholen Sie diese Zahl: Fünftausendvierhundertsiebenundsechzig.

FUCHS: Fünftausendvierhundertsiebenundsechzig.

STROHBACH: Hören Sie Stimmen?

FUCHS: Nein.

STROHBACH: Fühlen Sie sich bedroht?

FUCHS: Ja.

STROHBACH *aufhorchend*: Von wem?
FUCHS: Vom Volksgerichtshof.
STROHBACH *enttäuscht*: Ist das alles?
FUCHS: Ja, bitte. Mir reicht's.
STROHBACH: Was ist das für eine Narbe?
FUCHS: Das ist neunzehnhundertachtzehn passiert. Ich hab's Eiserne Kreuz gekriegt dafür.
STROHBACH: Wofür?
FUCHS: Für die Rettung von verwundeten Franzosen aus feindlichem Feuer.
STROHBACH: Was nennen Sie feindliches Feuer?
FUCHS: No, deutsches natürlich. Französisches Feuer wär für die Franzosen nicht feindlich gewesen. Und für mich war's auch feindlich, warum, ein Splitter von einem deutschen Schrapnell hat mich erwischt. Man kann niemandem bös sein, es war ein solches Durcheinander, ich hab auch erst im zweiten Graben gemerkt, was ich da mit mir zieh.
Geschrei auf dem Gang vor dem Zimmer.
GELLENDE FRAUENSTIMME: Nein, ich bin gesund! Ich will ein Kind! Hilfe! Hilfe! Hilfe!
STIMME LERCHS: Vorwärts!
Frauenstimme erstirbt in einem Gurgeln.
FUCHS *entsetzt*: Was war das?
STROHBACH: Wovon sprechen Sie?
FUCHS: Die Schreierei draußen auf'm Gang jetzt grad.
STROHBACH *grau vor Angst*: Mir fiel nichts auf.
FUCHS: Dann hör ich doch Stimmen. Eine Frau, die Hilfe geschrien hat.
STROHBACH: Eine Irre, ohne Zweifel. Wiederholen Sie die Zahl von vorhin.

FUCHS: Fünftausendvierhundertsiebenundsechzig.

STROHBACH: Herr Fuchs, wer ist der Führer des deutschen Volkes?

FUCHS *um sein Leben*: Unser Erretter und Beschützer, das größte militärische Genie aller Zeiten.

STROHBACH *ungeduldig*: Name!

FUCHS: Adolf Hitler.

STROHBACH: Ausgezeichnet. Wie sehen Sie die Lage an der Ostfront?

FUCHS: Rußland is bereits geschlagen und wird sich nie mehr erheben!

STROHBACH: Der Feind im Westen?

FUCHS: Der Feind im Westen sind Feiglinge, wo sich hinter ihrer Materialüberlegenheit verkriechen, aber bis daß sie am Atlantik landen, werden wir sie vernichten. Mit Mann und Roß und Wagen.

STROHBACH: Herr Fuchs, ich weiß nicht, warum man Sie zu mir schickt. Sie sind genauso normal wie ich!

FUCHS: Ich sag ja, es is ein Irrtum. Der Wondracek gehöret her.

Es klopft.

STROHBACH *gereizt*: Was ist jetzt wieder?

Herein Hauptmann Sander. Er ist nüchtern und sieht elend aus. Salutiert, indem er die ihm verbliebene, falsche Hand an die Mütze legt.

SANDER: Verzeihen Sie die Störung, aber es ist dringend. Ich habe vorhin mit Ihnen telefoniert, Herr Professor.

STROHBACH *erhebt sich, ebenso Fuchs*: Oh, Hauptmann Sander! Strohbach. Heil Hitler! *Zu Fuchs:* Wenn Sie vielleicht draußen bei dem Wachtmeister warten wollen, Herr Fuchs.

FUCHS *demütig*: Zu Befehl.

SANDER: Einen Moment! Herr *Ludwig* Fuchs?

FUCHS: Jawohl.

SANDER: Geldbriefträger Ludwig Fuchs?

Fuchs nickt ängstlich.

Freut mich. *Schüttelt ihm die Hand.* Sie können dableiben. Ich komme Ihretwegen.

FUCHS: Meinetwegen?

SANDER *sich umsehend*: Kann uns hier jemand hören?

STROHBACH: Nein. Aber ich verstehe wirklich nicht, Herr Hauptmann –

SANDER: Ich arbeite im Luftfahrtministerium. Herr Fuchs, der Herr Reichsmarschall hat erfahren, daß Sie zum Tod verurteilt werden sollen.

FUCHS: Erfahren, von wem?

SANDER: Von mir.

FUCHS: Dann sind Sie vielleicht aus der Posteinlaufstelle, wo sie meinen Brief aufgemacht haben?

SANDER: Ja. Ich habe die Aufmerksamkeit des Herrn Reichsmarschall auf Ihren Fall gelenkt.

FUCHS *traurig*: Wenn S' den Brief in Ruh gelassen hätten, hätten S' nix lenken müssen.

SANDER: Wollen Sie mich ausreden lassen, Herr Fuchs? Ich hatte Gelegenheit, mit dem Herrn Reichsmarschall nach Ihrer Verhaftung eingehend über Ihren Fall zu sprechen in einer... *bitter* – ...einer guten Stunde. Da fiel ihm ein, was Sie alles zusammen erlebt haben. Er gedachte Ihrer in Freundschaft und schickt Ihnen durch mich seine Grüße.

FUCHS *gerührt*: Der Hermann...

SANDER *zu Strohbach*: Der Herr Reichsmarschall fühlt sich

Herrn Fuchs verpflichtet – für verschiedene wertvolle Dienste und Ratschläge. Der Herr Reichsmarschall wünscht, daß Herrn Fuchs kein Leid geschehe und daß er von niemandem belästigt werde.

STROHBACH: Das müssen Sie den Herren vom Volksgerichtshof sagen!

SANDER: Nein, *Ihnen*, Herr Professor!

STROHBACH: Ich bin Wissenschaftler. Befehlsgemäß habe ich diesen Herrn untersucht. Er ist vollkommen normal und –

SANDER: Nein.

STROHBACH: Was, nein?

SANDER *leise und sehr deutlich*: *Herr Fuchs ist nicht vollkommen normal. Herr Fuchs ist vollkommen verrückt.*

FUCHS: Ich bin –

SANDER *eindringlich*: *Vollkommen! Zu Strohbach:* Der Herr Reichsmarschall erinnert sich daran, daß Herr Fuchs im Ersten Weltkrieg eine Schädelverletzung erlitt. An den Folgen dieser Verletzung laboriert er noch heute. Er ist unzurechnungsfähig und hat darum Anrecht auf Schutz durch den Paragraphen einundfünfzig. Der Herr Reichsmarschall bittet Sie, Herr Professor, ein entsprechendes Attest auszustellen.

Fuchs wird plötzlich sehr blaß und muß sich setzen.

FUCHS: Ich hab's doch immer gewußt, daß mir der liebe Gott heraushilft. *Er bleibt aber bis zum Ende der Szene bescheiden und melancholisch.*

SANDER: Was ist denn, Herr Professor?

STROHBACH *dumpf*: Ich habe hier einen Oberarzt, der ist Vertrauensmann des Reichssippenamtes. Sein Spezialgebiet sind Sterilisationen von Geisteskranken.

FUCHS *à la Hiob*: Das auch noch. Ach was, in meinem Alter! Immer noch besser als die Rübe ab.

STROHBACH: Erlauben Sie, daß ich einen Moment an mich denke. Ich habe für eine kleine Familie zu sorgen. Das Gutachten, das ich stelle, geht automatisch zuerst zu meinem Oberarzt. Wenn er anzweifelt, bin ich geliefert.

FUCHS: Aber der Göring –

STROHBACH *hysterisch*: Ihr Göring – der Herr Reichsmarschall – schützt Sie, nicht mich! Was mache ich bloß? *Blättert in einem dicken Buch.* Das hat mir gerade noch gefehlt. Und auch noch Kopfverletzung. Wo praktisch alles wegfällt.

FUCHS: Was fällt alles weg?

STROHBACH: Schizophrenie, Paranoia, Insuffizienz. Alles, was einem normalerweise sofort hochkommt.

FUCHS *schmeichelnd*: Gehn S', Herr Professor, so ein dickes Buch, da werden S' doch noch was Gescheites finden!

STROHBACH: Überwertige Wahnideen, das wäre vielleicht etwas.

FUCHS: Was ist denn das, eine Wahnidee?

STROHBACH: Na, zum Beispiel, daß wir den Krieg verlieren. Die Idee wird so überwertig in Ihnen, daß Sie nichts gegen sie ausrichten können.

FUCHS: Herr Professor, das klingt doch aber nicht schlecht!

STROHBACH *kopfwiegend*: Schwer, schwer ... *Schreit auf: Querulant!*

FUCHS: Bitte?

STROHBACH *erleichtert:* Sie sind ein pathologischer Querulant! Jetzt haben wir's. Da kommt alles zusammen. Die Kopfverletzung. Der Habitus. Die Wahnideen.

FUCHS: Und ich krieg den Einundfünfziger?

STROHBACH: Sie kriegen den Einundfünfziger. Sehen Sie, bei Querulanten ist die Diagnose besonders schwierig. Das sind Grenzfälle. Damit bin ich geschützt.

FUCHS: Das freut mich ehrlich, Herr Professor. Wissen S', ich hab nämlich auch eine kleine Familie. Ich kann Sie verstehen.

STROHBACH: Rundherum sind Sie völlig normal. Nur auf einem bestimmten Gebiet, da verzerrt sich Ihr klarer Blick, da bekommen Sie Schaum vor dem Mund, lästern, lügen – und sind einfach nicht zurechnungsfähig!

FUCHS *begreift*: Sie meinen, wenn zum Beispiel die Red auf'n Hitler kommt!

STROHBACH: Ja. Können Sie das vor meinem Oberarzt durchhalten?

FUCHS: Was tut man nicht alles für so einen Jagdschein?

STROHBACH *betrachtet ihn zögernd, greift dann zum Telefon*: Strohbach. Würden Sie einmal herüberkommen, Kollege? Ein dringender Fall. Angefordert vom Reichsluftfahrtministerium. – Ich danke. *Legt auf.* Es hängt jetzt alles von Ihnen ab, Herr Fuchs.

FUCHS *beleckt die Lippen*: Ich hoff, ich mach Ihnen keine Schand, Herr Professor.

Lerch kommt herein. Fuchs steht stramm, Hände an der Hosennaht. Lerch betrachtet ihn kritisch.

STROHBACH: Der Herr Hauptmann ist beauftragt, das Gutachten über den Patienten ins Reichsluftfahrtministerium zu bringen. Mein Oberarzt Doktor Lerch – Hauptmann Sander. Das ist der Mann, Herr Kollege.

FUCHS: Ludwig Fuchs, Geldbriefträger.

LERCH *auf die Narbe weisend*: Kriegsverletzung?

FUCHS: Jawohl. Neunzehnhundertachtzehn. *Schlau:* Bei der

Bergung von deutschen Soldaten aus französischem Feuer. Ich hab's Eiserne Kreuz gekriegt für.

LERCH *sieht ihm in die Augen, wie vorher Strohbach, mißt den Schädel, etc.*: Hören Sie manchmal Stimmen?

FUCHS *schwitzend*: Nein. Ich fühl mich auch nicht bedroht.

LERCH: Ich bitte sehr höflich, einmal die Akte einsehen zu dürfen.

Strohbach reicht sie ihm.

Lerch blättert, dann empört: Sie! Sie stehen ja vor dem *Volksgerichtshof*!

STROHBACH: Ja eben. Meiner Ansicht nach ... *Nimmt Lerch beiseite und redet leise mit ihm; Fuchs steht weiter stramm.*

LERCH *mustert Fuchs mißtrauisch*: Ich weiß nicht. Der Mann macht auf mich einen völlig normalen – Herr Fuchs!

FUCHS: Zu Befehl!

LERCH: Wer ist der Führer des Großdeutschen Reiches?

FUCHS, *der wohl begriffen hat, daß er hier um sein Leben spielt, beginnt beklommen, stockend, noch fühlt man, daß er spielt*: Der Führer des Großdeutschen Reiches ... der Hitler ... ein Lump ist das ... ein Mörder, tausendfach ... mit'm Teufel im Bunde! *Keucht, blickt hilfesuchend umher, aber Strohbach sieht zur Seite, nur Lerch betrachtet ihn starr; Fuchs tastet sich weiter:* Der Hitler ... uns alle führt er ins Unglück ... Ein Grausen sind wir für die anderen Völker geworden durch ihn, wie die Pest ... ja, eine Pest hat er gemacht aus uns, der Hitler ... bitte ja, so ist es ... *Er kann nicht mehr.*

STROHBACH *zu Lerch, um Fuchs zu helfen*: Sehen Sie?

LERCH *schüttelt verbissen den Kopf, lächelt danach heim-*

tückisch: Das ist ja recht interessant, Herr Fuchs, recht interessant. Da glauben Sie vermutlich also auch nicht an den Endsieg?

FUCHS *blickt wieder gehetzt umher, wieder sieht der Professor zur Seite*: Endsieg?

LERCH *provoziert*: Endsieg!

FUCHS *beginnt von neuem*: Einen Endsieg wird es nicht geben, warum, weil wir den Krieg verlieren werden, wie noch kein Land auf der Welt einen Krieg verloren hat!

LERCH: Bravo! Und weiter?

FUCHS *spricht nun lauter, er steigert sich voll Angst und Haß so sehr in das «Verstellen» hinein, daß er mehr und mehr seine wirkliche Meinung bekanntgibt*: Und weiter? Teilen werden sie unser Land in viele Teile ... Fremde Soldaten werden wohnen bei uns ... Hinaustreiben werden sie uns auf die Landstraßen ... Verrecken werden wir und verderben in Haufen ... Nichts wird übrigbleiben von unseren schönen Städten ... nur der Wind, der hindurchgeht durch sie ... *Nun ist er wie in Trance, er hat vergessen, wo er sich befindet und warum, nun schreit ein gequälter Mensch die Wahrheit heraus:* Ah – aber nicht der Hitler allein ist schuld! Wir alle sind schuld, wir haben Hurra gebrüllt oder das Maul gehalten, wie er die Tschechen überfallen hat und die Polen, und Belgien und Holland und Frankreich und Norwegen und Rußland! Und die Juden! Erhoben hat sich keine Hand gegen ihn, warum, er ist so stark und wir sind so feig! Ja, wir alle sind Mörder! Jetzt wird uns der Herrgott bestrafen, ohne Gnade, wie es geschrieben steht ... *Schlägt auf die kleine Bibel:* Aus den Trümmern der Städte wird dringen das Geschrei der Gequälten, jedoch Gott wird nicht mehr erhören ihr Flehen! Und gebrochen sein soll ihr Volk, wie ein Baum auf dem Felde... *Pause; Fuchs sackt zusammen und kehrt aus seinem entrückten Zustand zurück:* Ja, wie ein Baum auf dem Felde... *Er fährt sich mit der Hand über den Mund und sieht sich um gleich einem Menschen, der erwacht.*

LERCH *lächelnd*: Aha. Aha. Und welcher Tag ist heute?

FUCHS: Mittwoch.

LERCH: Und wieviel ist neun mal dreizehn?

FUCHS: Hundertsiebenundzwanzig. Nein, ich mein hundertsiebzehn.

STROHBACH: Dabei ist der Mann Parteimitglied, Kollege.

LERCH *antwortet nicht. Er schleicht um den erschöpften Fuchs herum und beobachtet ihn lauernd; Strohbach betrachtet beide besorgt; Lerch, plötzlich losbrüllend*: Sie simulieren, Herr Fuchs! Sie spielen uns den Verrückten vor, damit Sie auf den Führer schimpfen können! Damit Sie Ihr Volk mit Dreck bewerfen können! Und damit Sie Ihr jämmerliches Leben retten!

Fuchs senkt den Kopf. Er ist am Zusammenbrechen. Strohbach verfällt.

Aber nicht bei mir, Herr Fuchs, nicht bei mir! *Eifrig:* Klarer Fall, Herr Hauptmann!

STROHBACH: So klar ist der Fall leider nicht. Während ich nämlich auf pathologisches Querulantentum und somit auf nicht zurechnungsfähig im Sinne des Paragraphen einundfünfzig erkennen möchte –

LERCH *unterbricht*: Theater! Alles Theater!

SANDER *mustert Lerch mit schmalen Augen*: Der Ansicht sind Sie?

LERCH *rennt begeistert in sein Verderben*: Aber, Herr

Hauptmann! Ich bitte doch höflich! Der Mann simuliert in der plumpsten Weise!

STROHBACH *plötzlich glücklich, weil er seine Chance begreift und fühlt, wie sich Lerch zu Tode siegt*: Es tut mir leid, Herr Kollege, ich bleibe bei meiner Diagnose.

LERCH *empört*: Damit werde ich mich niemals abfinden!

SANDER: Ich muß nach Berlin zurück, meine Herren.

LERCH *entschlossen*: Herr Professor, ich kann Sie nicht daran hindern, diesem Schwindler den Paragraphen einundfünfzig zu geben. Aber ich protestiere mit aller Entschiedenheit! Ich werde meinen Protest sofort schriftlich niederlegen, und ich bitte Sie recht herzlich, Herr Hauptmann, ihn dem Herrn Reichsmarschall unterbreiten zu wollen. *Ab.*

Die Zurückgebliebenen sehen sich an.

SANDER: Machen Sie sich keine Sorgen, meine Herren. Der Reichsmarschall hat sich nun einmal entschlossen, seine Hand über Herrn Fuchs zu halten. Also bleibt ihm gar nichts anderes übrig, als sich auch um diesen heroischen Doktor Lerch zu kümmern. Gewiß läßt sich da noch ein Plätzchen an der Ostfront finden.

STROHBACH: Und Sie glauben nicht, daß sich das Reichssippenamt –

SANDER: – mit dem Reichsmarschall anlegt? Wegen so einer halben Portion?

STROHBACH: Ich muß nämlich auch an meine Familie denken.

SANDER *zynisch*: Die Familie, natürlich. An die muß man immer denken.

FUCHS *betrachtet ihn aufmerksam*: Sie haben keine, Herr Hauptmann, gelt?

SANDER *kurz*: Nein. Schlafen Sie ruhig, Herr Professor. Es geschieht Ihnen nichts.

STROHBACH *überwältigt vor Erleichterung*: Ja dann – dann danke ich Ihnen *beiden*! *Er geht zu einer Schreibmaschine.* Ich setze sofort mein Gutachten auf.

Eine Sonnenbahn fällt durch das Fenster und erhellt den Raum.

FUCHS: Werden eine schöne Rückfahrt haben, Herr Hauptmann. Schaun S' die Sonne. Und der Schnee schmilzt weg.

SANDER *tritt ans Fenster, sieht hinaus*: Tatsächlich. Der Frühling kommt. *Er trinkt aus einem Flakon.*

FUCHS: Und die Flugzeuge. Werden viele sterben müssen, wenn's Wetter so schön bleibt.

DUNKEL

5

EIN TORBOGEN

Der Torbogen, breit und niedrig, bildet die Einfahrt zum Hof eines alten Hauses. Der Zuschauerraum wäre angenommenermaßen der Hof. Durch den Bogen sieht man also auf eine Straße hinaus. Gegenüber liegt ein Postamt. Ein halbes Dutzend Briefträger verläßt es soeben mit vollen Taschen.
Es erscheint eine hell angestrahlte Tafel mit dieser Zeitangabe:

6. JUNI 1944, WIEN

Die Tafel verschwindet.

In der Toreinfahrt steht Fuchs. Er trägt jetzt Zivil. Verzagt unternimmt er Versuche, die Briefträger zu grüßen. Er winkt. Er ruft sie leise mit ihren Namen an.
Die Briefträger jedoch sehen zur Seite. Sie wollen nichts mit ihm zu tun haben. Kaum einer grüßt. Fuchs ist unglücklich.
Aus einem sichtbaren offenen Fenster ertönt Marschmu-

sik, die ein Radio verbreitet. Dann eine Lautsprecherstimme: «Achtung, wir bringen eine Luftlagemeldung: Über dem Reichsgebiet befindet sich weiterhin kein feindliches Kampfflugzeug.» *Wieder Marschmusik.*

Ein Briefträger namens Zötterl überquert die Straße und geht an dem Torbogen vorbei. Er kann nicht anders: er muß Fuchs sehen.

FUCHS *spricht ihn an*: Zötterl!

ZÖTTERL *will eilig weiter, ernst und trotzig*: Heitler!

FUCHS *tritt vor und hält ihn fest*: Was is denn mit euch los, was habt's ihr bloß? Keiner schaut mich an, keiner red' mehr mit mir. Als ob ich den Aussatz hätt!

ZÖTTERL: Aber geh! Eilig haben wir es! Du weißt doch selber, wie es ist.

FUCHS *verzweifelt*: Sag mir die Wahrheit! Ich komm mir schon vor wie der letzte Dreck! Was hab ich euch getan?

ZÖTTERL *seltsam empört*: Ich tu meine Pflicht. Ich bin ein anständiger Mensch, der sein Scherflein beiträgt zum Endsieg.

FUCHS *lacht hilflos*: Zum Endsieg?

ZÖTTERL *schreit unbeherrscht*: Jawohl, zum Endsieg! Mich wirst du nicht provozieren, Fuchs, mich nicht!

FUCHS: Um Himmels willen, Zötterl!

ZÖTTERL *lostobend wie ein Mensch, der eine unwürdige Situation allzu lange ertragen hat*: Ich bin in der Partei wie du! Wir sind alle in der Partei! Es wäre nicht nötig, daß die Großkopferten zu solchen Mitteln greifen und uns bespitzeln lassen wie Verbrecher!

FUCHS *tonlos*: Du glaubst, ich bin ein Spitzel?

Zötterl sieht ihn stumm an.

Erschüttert: Herr Jesus, aber sie haben mich doch gerade eingesperrt!

ZÖTTERL *böse*: Und wieder laufenlassen, ganz plötzlich. Und pensioniert mit einundfünfzig Jahren. Und einen Jagdschein gegeben, damit du alles sagen kannst ohne Gefahr, natürlich, einer wie du muß alles sagen dürfen, sonst könnt er die andern ja nicht provozieren!

FUCHS: Das *glaubst* du?

ZÖTTERL: Das glauben alle. Wir hätten's nicht erwartet von dir. Aber du mußt ja wissen, was du tust. Na ja, wenn man so einen Schulfreund hat.

FUCHS *sehr beschämt*: Von dem wißt's ihr auch?

ZÖTTERL: Es spricht sich alles herum. Du kannst hier stehen, bis daß du schwarz wirst. Von uns wird dir keiner sagen, was du hören willst.

FUCHS *verzweifelt*: Ich bin kein Spitzel! Ich bin ein armer Hund, den sie nicht mehr arbeiten lassen, weil ich geschrieben hab, daß wir den Krieg verlieren und daß Verbrechen geschehen in unserem Land!

ZÖTTERL *nickt ingrimmig*: Und dazu möchtest du jetzt gern meine Zustimmung haben, gelt? Genauso hab ich mir das vorgestellt. Mich legst du nicht hinein. *Ab.*

Fuchs setzt sich langsam auf eine alte Kiste. Er begräbt das Gesicht in den Händen.

Immer weiter die Marschmusik aus dem Radio.

Eine Frau kommt atemlos in den Torbogen gestürzt. Nicht mehr jung, dicklich, angstgeschüttelt: Frau Wenzel, eine Nachbarin.

FRAU WENZEL: Herr Fuchs! Herr Fuchs! Gott sei Dank!

FUCHS *hebt langsam den Kopf, noch völlig benommen von der Szene mit Zötterl*: Was ist, Frau Wenzel?

FRAU WENZEL *bricht neben ihm auf der Kiste nieder, beginnt zu weinen*: Ich bin verloren, die bringen mich um! *Klammert sich an ihn.* Sie müssen mir helfen! Ich weiß, es ist ein Wahnsinn, daß ich gerade zu Ihnen komm – aber Sie sind der einzige, der die Macht hat!

FUCHS: Beruhigen Sie sich doch, hier ist ein Taschentuch. Was für eine Macht hab ich?

FRAU WENZEL *in das Tuch schnaubend*: Mit Ihren Verbindungen, Herr Fuchs! Sie kennen mich seit fünfzehn Jahren. Sie müssen sagen, daß ich eine gute Nachbarin war, hilfsbereit Tag und Nacht! Wenn Sie sich ein Brot haben ausleihen wollen oder eine Zwiebel oder einen Malzkaffee –

FUCHS *laut*: Jetzt sagen Sie endlich, was passiert ist!

FRAU WENZEL: Ich hab London gehört!

FUCHS *ungerührt, weil er das selbst tut*: Und?

FRAU WENZEL: Nie noch hab ich mir was zuschulden kommen lassen! In der NS-Frauenschaft bin ich die Eifrigste. Aber mein Mann ist in Frankreich und mein Bub in Rußland, da muß ich mich doch orientieren! Im Wehrmachtsbericht heißt's immer nur, wir haben uns planmäßig abgesetzt. Warum krieg ich dann keine Post seit drei Wochen? Wenn der Herr Reichsmarschall einen Buben an der Front hätte, möcht er's verstehen.

FUCHS: Was hat *der* damit zu tun?

FRAU WENZEL, *um ihr Leben schmeichelnd*: Aber gehn S' der ganze Bezirk weiß doch, daß Sie einen Stein im Brett haben bei dem. Herr Fuchs, in so einem großen Krieg, da ist es doch egal, ob so eine kleine Frau wie ich London hört. Lassen S' Gnade vor Recht ergehen und reden S' mit'm Luftschutzwart.

FUCHS *entsetzt*: Mit'm *Ortsgruppenleiter*? Dem Gasselseder?

FRAU WENZEL: Der hat nämlich an meiner Tür gehorcht und es mir zugesagt auf'n Kopf: Sie hören London, Frau Wenzel!

FUCHS: Das war aber auch leichtsinnig von Ihnen. So *laut*!

FRAU WENZEL: In dem Haus hören Sie schon, wenn eine Wanze hustet! Er hat die Anzeige gegen mich erstattet, heute früh ist ein Brief gekommen. Ich soll mich gleich melden auf der Ortsgruppe. Das ist das Ende, er kennt kein Erbarmen.

FUCHS: Wieso haben Sie überhaupt gewußt, wo ich bin?

FRAU WENZEL: Das wissen doch alle, daß Sie immer hier stehen und mit den Briefträgern ... – *verwirrt sich* – ... ich meine, daß Sie den Auftrag haben ... Sie tun ja auch nur Ihre Pflicht ...

FUCHS *elend und traurig*: Ich versteh. Also *das* glauben die Leut ... Aber es ist nicht wahr, Frau Wenzel, es ist nicht wahr! Ich kann keinem helfen, nicht einmal mir selber.

Frau Wenzel fährt entsetzt hoch, denn Emmerich Gasselseder betritt den Torbogen. Er trägt keine Uniform, sondern einen alten, zweireihigen Anzug. Gasselseder ist ein Mann aus der Masse der strammen Parteigenossen, sehr klein von Wuchs, sich seiner Sendung ungeheuer bewußt. Ohne dieses Bewußtsein wäre und war er ein Nichts.

GASSELSEDER *schneidend*: Da sind Sie. Wie ich es mir dachte, beim Herrn Fuchs. Aber das hilft Ihnen nichts, das hilft Ihnen überhaupt nichts! *Zu Fuchs*: Heitler!

FUCHS, *für den an diesem Morgen zuviel passiert*: Heitler, Herr Ortsgruppenleiter.

GASSELSEDER: Warum haben Sie meiner Aufforderung nicht Folge geleistet?

FRAU WENZEL: Ich bin unschuldig! Sie müssen sich geirrt haben, Herr Ortsgruppenleiter. Ich bin eine gute Deutsche! Mein Mann hat das EKA zwei, der Bub die Nahkampfspange.

GASSELSEDER: Das hat damit überhaupt nichts zu tun! Sie haben London gehört! Wenn Sie glauben, Sie können sich hinterm Herrn Fuchs verstecken, dann irren Sie sich! Mitkommen!

FRAU WENZEL *in Todesangst*: Nein! – Nein!

GASSELSEDER: Vorwärts!

FUCHS *hat sich langsam erhoben, er spricht vorsichtig, und wir bemerken, daß er entschlossen ist, sich an ein großes Experiment heranzuwagen, um Frau Wenzel zu retten*: Einen Moment, bittschön.

GASSELSEDER: Was?

FUCHS: Herr Ortsgruppenleiter, es ist tatsächlich ein Irrtum.

GASSELSEDER: Die Frau ist schuldig! Ich habe es mit meinen eigenen Ohren gehört...

FUCHS: Wann?

GASSELSEDER: Was, wann?

FUCHS: Wann haben Sie es mit eigenen Ohren gehört?

GASSELSEDER *exakt*: Am neunundzwanzigsten Mai um zwanzig Uhr fünf und am dreißigsten Mai um zweiundzwanzig Uhr dreißig.

FUCHS *nickt*: Ja, ja, das war's schon.

GASSELSEDER: War schon was?

FUCHS *standhaft*: Sie ham sich in der Wohnung geirrt. Das war *mein* Radio.

Frau Wenzel faltet die Hände.

GASSELSEDER *erbittert, stellt sich auf die Zehenspitzen, wippt*: Sie erklären freiwillig, daß Sie am neunundzwanzigsten und dreißigsten London gehört haben?

FUCHS: Nicht nur am neunundzwanzigsten und dreißigsten. Ich hör *jeden* Abend London. Es war darum auch nicht das Datum, das mich interessiert hat, es war die Zeit. Ich hör nämlich immer die Acht-Uhr-Nachrichten und die Zehn-Uhr-Nachrichten. Nur am Samstag, da hör ich noch um Mitternacht Moskau, weil ich mich ausschlafen kann am Sonntag.

Leise Marschmusik. Pause.

GASSELSEDER *endlich*: Sie wollen die Frau Wenzel schützen.

FUCHS: Ich will nicht, daß *sie* ins Gefängnis kommt, weil *ich* London hör.

GASSELSEDER *gefährlich*: Ich habe nicht Ihre Beziehungen, Herr Fuchs. Ich habe nicht einen solchen Schulfreund. Aber ich warne Sie: Auch meine Geduld hat ein Ende. Also hüten Sie sich. Und lügen Sie mich nicht an. Die Frau Wenzel hat London gehört, nicht Sie!

FUCHS *hat sich erholt, fest*: Ich war's. Sie ham sich in der Tür geirrt.

GASSELSEDER *groß*: Sie wollen also den Kampf. Nun gut. Ich bin dem Führer verantwortlich. Ich mache meinen Bericht.

FUCHS *holt Bleistift und Papier hervor*: Dann muß ich freilich auch meinen machen. Sie behaupten also, daß die Frau Wenzel – wie heißen S' mit'm Vornamen, Frau Wenzel?

FRAU WENZEL *weinend*: Magdalena.

Fuchs *kurzsichtig schreibend:* ... daß die Frau Magdalena Wenzel am neunundzwanzigsten und dreißigsten Mai angeblich London gehört hätte. Und zwar wann angeblich? Wenn ich noch einmal um die genauen Zeiten bitten dürft, Herr Kamerad. Sie mögen es nicht, wenn ich schlamperte Angaben mach.

Es entsteht eine neue Pause. Gasselseder ist auch ein Mensch. Und also auch feige. Fuchs ist ihm unheimlich. Gasselseder kämpft nur noch um einen würdigen Abgang.

Gasselseder: Ich habe keine Veranlassung, Ihnen irgendwelche Auskünfte zu geben!

Fuchs *kritzelnd:* ... hat keine Veranlassung ...

Gasselseder: Was schreiben Sie da?

Fuchs: Ich hab auch keine Veranlassung, Herr Kamerad. Mir tut alles sehr leid. Wo wir uns so lang kennen, und –

Im Radio hat ein Ansager zu sprechen begonnen; Fuchs unterbricht sich; alle lauschen.

Ansagerstimme: ... Oberkommando der Wehrmacht teilt mit: Der seit langem erwartete Angriff der Briten und Nordamerikaner gegen die nordfranzösische Küste hat begonnen. Wenige Minuten nach Mitternacht setzte der Feind unter gleichzeitigen heftigen Bombenangriffen im Gebiet der Seine-Bucht starke Luftlandeverbände ab. Kurze Zeit später schoben sich, geschützt durch schwere und leichte Kriegsschiffeinheiten, zahlreiche feindliche Landungsboote auch gegen andere Abschnitte der Küste vor. Die Abwehr ließ sich an keiner Stelle überraschen. Sie nahm den Kampf sofort mit aller Energie auf ...

Die Stimme wird leiser. Während sie laut sprach, haben die drei vermieden, einander anzusehen.

Gasselseder ist blaß geworden. Wir fühlen seine Angst vor der Zukunft.

Frau Wenzel hat sich einmal bekreuzigt und einmal gerufen: «Herr Jesus im Himmel, steh meinem armen Mann bei!»

Fuchs hat vor sich hin genickt. Wir fühlen, was er denkt: Alles, was er voraussah, tritt ein. Einmal sagt Fuchs: «Ja, ich muß es tun. Jetzt ist es höchste Zeit!»

GASSELSEDER *schreit plötzlich*: Da soll keiner Morgenluft wittern! Wir werden die Angreifer zerschmettern!

FUCHS: No freilich. Was ich noch sagen wollt, Herr Kamerad, ich tret aus der Partei aus.

GASSELSEDER: Sie –

FUCHS: Ja. Wenn Sie es bittschön melden wollen, denen oben.

Indessen der Dialog weitergeht, verliest die Sprecherstimme leise und undeutlich die Sondermeldung. Zur Aufnahme auf Band hier der authentische Resttext: «Die Luftlandetruppen wurden zum Teil schon beim Absprung erfaßt und die feindlichen Schiffe bereits auf hoher See wirksam unter Feuer genommen. Viele Fallschirmeinheiten wurden aufgerieben oder gefangen, andere von hochgehenden Minen zerrissen. Trotz fortgesetzter heftiger Luftangriffe und schweren Beschusses durch die feindliche Schiffsartillerie griffen die Geschütze des Atlantikwalles ebenfalls sofort in den Kampf ein. Sie erzielten Treffer auf Schlachtschiffeinheiten und den sich einnebelnden Landungsbooten. Der Kampf gegen die Invasionstruppen ist in vollem Gange. – Sie hörten eine Sondermeldung des Oberkommandos der Wehrmacht. Achtung, eine Luftlagemeldung: Über dem

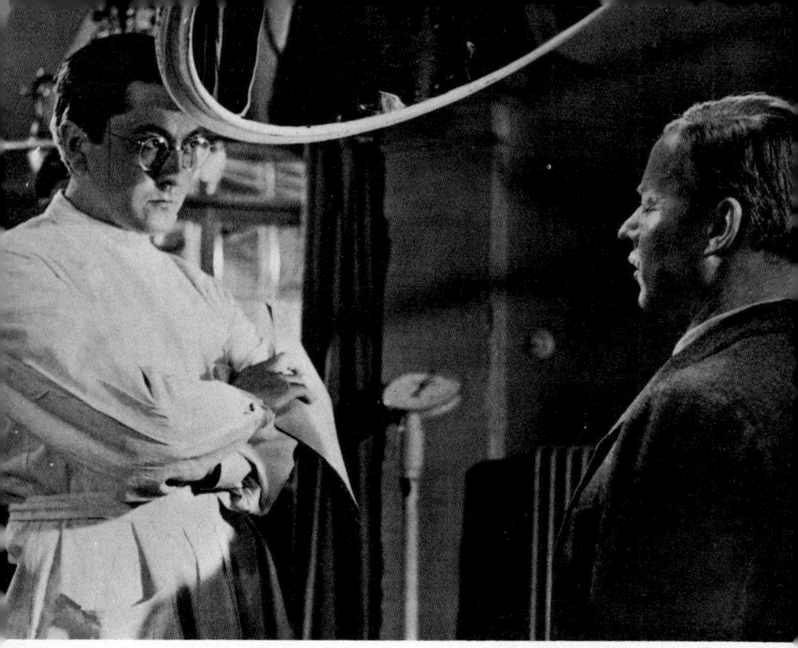

Annahme
von
Paketen

15 Tonnen Zucker
verschoben!
Göring: Selbstmord

Reichsgebiet befindet sich weiterhin kein feindliches Kampfflugzeug. Wir bringen Marschmusik.»

Marschmusik gedämpft.

GASSELSEDER *bebend*: Herr Fuchs, spannen Sie den Bogen nicht zu weit. Überschätzen Sie sich nicht. So ein Jagdschein ist nicht alles.

FUCHS *freundlich*: Nein, aber er hilft.

GASSELSEDER: Sie *können* nicht aus der Partei austreten! Jetzt schon gar nicht mehr! Das kann kein Mensch!

FUCHS *brüllt*: Ich schon! Ich bin verrückt, das hab ich schriftlich! Es ist unmöglich, daß die Partei in ihren Reihen einen deklarierten Verrückten hat!

GASSELSEDER: Eine Verschwörung! Sie werden von mir hören, beide! *Er stürzt fort.*

FUCHS *ruft ihm nach*: Heitler!

Frau Wenzel küßt Fuchs schnell die Hand.

Sind S' narrisch word'n?

FRAU WENZEL *weinend*: Sie haben mir's Leben gerettet!

FUCHS: Das is noch gar nicht so sicher.

FRAU WENZEL: Ob ich aufs Land geh und mich versteck? Wir werden von ihm hören, hat er gesagt. Glauben Sie das?

FUCHS: Man kann nicht wissen. Ich glaub aber eher, daß nicht. Jetzt, wo sie gelandet sind, hat er auch Angst.

FRAU WENZEL: Jeder hat Angst bei uns. Ist das nicht schrecklich? Wann wird das einmal anders werden?

FUCHS: Bis daß wir den Krieg verloren haben.

Frau Wenzel starrt ihn an.

Spaß mach ich natürlich. Damit Sie mir wieder ein bissel lachen, Frau Wenzel.

FRAU WENZEL: Ach so, Spaß!

Sie beginnt zu lachen, er gleichfalls. Beide steigern sich in eine Hysterie der Fröhlichkeit hinein. Plötzlich bricht Frau Wenzel jäh ab und starrt Fuchs an. Auch der hört auf, zu lachen.
Tief beunruhigt: Herr Fuchs, sind Sie vielleicht *wirklich* verrückt?

DUNKEL

6

EIN KLEINES POSTAMT

Das kleine Postamt befindet sich im Zustand großer Unordnung, die Beamten haben es sichtlich in Eile verlassen. Offene Schaltertüren, umgestürzte Sessel, durcheinandergeworfene Briefmarken und Papiere. Strahlender Sonnenschein durch zwei Fenster. Der Eingang des Amtes ist geschlossen. Briefträger Fuchs räumt auf. Er trägt wieder seine Uniform und dazu einen Luftschutzhelm, der ihm bei weitem zu groß ist. Fuchs macht verbissen Ordnung.
Von draußen Kampflärm. Schüsse, Detonationen, Motorengeräusche. Dann wieder Stille.
Fuchs ist kein großer Held. Wenn es sehr laut kracht, sucht er Deckung hinter einem Schrank. Aber er ist auch kein großer Feigling. Sobald wieder Ruhe eintritt, arbeitet er weiter.
Es erscheint eine hell angestrahlte Tafel mit dieser Zeitangabe:

8. APRIL 1945, WIEN

Die Tafel verschwindet.

FUCHS *arbeitet und redet dabei mit sich selbst*: Sauerei so was... Nicht einmal der Geldschrank abgeschlossen. Wenn was fehlt, wer steht grad dafür? *Arbeitet weiter.* Marken auf'm Fußboden. Als ob wir's zum Wegschmeißen hätten. *Hebt einen Bogen auf und betrachtet ihn.* Hm. *Der* Kopf wird allerdings bald nimmer gehen. *Wirft den Bogen in den Papierkorb; draußen wird rasend an die Tür getrommelt.*

Fuchs ruft: Geschlossen!

STIMME GASSELSEDERS: Aufmachen!

FUCHS *schreit*: Bedaure, kein Parteienverkehr!

Ein Einschlag, sehr nahe.

Nerven ham die Leut!

STIMME GASSELSEDERS *flehend*: Um der Liebe Christi willen, lassen Sie mich herein!

FUCHS *geht zum Eingang, sieht durch ein vergittertes Fenster hinaus und erschrickt*: Das glauben S' doch nicht im Ernst. Von allen Leuten *Sie*!

STIMME GASSELSEDERS: Bitte, Herr Fuchs! Ich tu Ihnen nichts!

FUCHS: Solang Sie draußen sind! Wenn Sie erst einmal herinnen sind, stellen Sie mich an die Wand, weil ich mich versteckt hab vor'm Volkssturm!

Einschlag sehr nahe.

Fuchs wirft sich hin; hoffnungsvoll: Vielleicht ist er jetzt hin.

STIMME GASSELSEDERS: Herr Fuchs!

FUCHS: Unsereins hat kein Glück.

STIMME GASSELSEDERS: Herr Fuchs, ich *schwöre,* ich tu Ihnen nichts!

FUCHS: Gehen S' woandershin!

STIMME GASSELSEDERS *schluchzend*: Es nimmt mich keiner ins Haus mit der verfluchten Uniform! Herr Fuchs, Sie können mich doch nicht verrecken lassen! *Bitte!*

FUCHS *überlegt, geht dann zu einem vergitterten Fenster und öffnet es*: Mit Ihnen hab ich auch *nur* Scherereien! Geben S' mir das Gewehr.

Gasselseder, noch unsichtbar, reicht ein Gewehr durch das Fenster; Fuchs untersucht es.

Das letzte hab ich neunzehnhundertachtzehn in der Hand gehabt.

Er öffnet den Eingang und läßt den kleinen Gasselseder eintreten. Dieser trägt eine Ortsgruppenleiteruniform und ist total erschöpft. Er zittert vor Angst.

Fuchs, das Gewehr ungeschickt im Anschlag: Da rüber! Wenn Sie Geschichten machen, kracht's!

GASSELSEDER *sinkt auf eine Bank*: Sie kommen ... Sie kommen ...

FUCHS: Wer?

GASSELSEDER: Die Russen!

FUCHS: Ach so. Ja, die kommen jetzt freilich. Was haben denn Sie gedacht? Daß sie sich hinsetzen werden und Kartenspielen am Kahlenberg? In der Früh waren sie am Matzleinsdorfer Gürtel. *Wüster Einschlag.* Das klingt mir jetzt aber schon sehr nach Westbahnhof. Was machen Sie überhaupt *hier*? Sie ham doch den Bahnhof mit'm Volkssturm verteidigen wollen. Bis zum letzten Atemzug, hör ich.

GASSELSEDER *schwach*: Von wem?

FUCHS: Ich hab ein paar Deserteure übernachten lassen, die ham mir erzählt, daß Sie eine Ansprache gehalten haben, gestern im Bunker. Es soll erhebend gewesen sein.

GASSELSEDER: Herr Fuchs, verhöhnen Sie mich nicht. Was habe ich denn getan? *Geglaubt* habe ich. Aus reinem Herzen geglaubt.

FUCHS: Das werden wir jetzt wohl bald alle sagen. Ein bissel weniger glauben und ein bissel mehr denken, und wir müßten uns heute nicht so in die Hosen scheißen.

GASSELSEDER: Ihnen wird nichts passieren. Sie sind ja eben noch rausgeflogen aus der Partei. Ich bin ganz ehrlich, Herr Fuchs. Ich hab Sie beneidet! Was glauben Sie, wie gern ich aus der Partei herausgeflogen worden wär?

FUCHS: Ja, nachdem Budapest gefallen is, hat man es Ihnen direkt angesehen. *Sachlich:* Sie sind also abgehauen! Und vor so was hab ich mich versteckt!

GASSELSEDER: Herr Fuchs, wenn die Russen mich in *der* Uniform erwischen, häng ich an einer Laterne!

FUCHS: Machen S', daß nach Haus kommen.

GASSELSEDER: In unserer Straße sind sie doch schon!

FUCHS: Das ist dumm, ich geb's zu. Sie ham recht, die Russen möchten nicht nett zu Ihnen sein. Was schauen S' mich so an?

GASSELSEDER: Es sind bestimmt welche da.

FUCHS: Nein! Nein! Ich mach mich ja strafbar, wenn ich eine hergeb! Sie sind kein Briefträger. Das wär ja Anmaßung einer Amtseigenschaft, wär das!

GASSELSEDER: Seien Sie ein Mensch, Herr Fuchs!

FUCHS: Wann waren Sie denn mal einer?

GASSELSEDER *laut*: Zum Beispiel, wie ich draufgekommen bin, daß Sie wen verstecken.

FUCHS *erschrickt*: Was soll ich tun?

GASSELSEDER: Verstellen Sie sich nicht. Es ist doch ganz egal jetzt.

FUCHS: Wie haben Sie es rausgekriegt?

GASSELSEDER: Der kleine Judenbub, der Keller ist es. Sehen Sie, und habe ich euch was getan? *Nichts!*

FUCHS *betrachtet den zusammengebrochenen Gasselseder lange, dann geht er zu einem Schrank und öffnet ihn; darin hängen Briefträgeruniformen*: Suchen Sie sich was aus. Hoffentlich haben wir so eine kleine. Wegen dem Paul ist alles passiert. Weil ich nicht wollen hab, daß man ihn umbringt. Sie haben ihn am Leben gelassen, Herr Ortsgruppenleiter, es ist wurscht, ob's eine menschliche Regung gewesen ist oder eine Rückversicherung. Sie ham ihn am *Leben gelassen*. Ich tu's für 'n Paul!

Gasselseder springt auf und beginnt sich im folgenden umzukleiden. Weiter Kampflärm von draußen. Seine Parteiuniform wirft Gasselseder zum Fenster hinaus.

GASSELSEDER *in Unterhosen*: Die Amerikaner und die Russen haben sich an der Elbe vereinigt. Armes Deutschland.

FUCHS *aufhorchend*: Was ham S' gesagt?

GASSELSEDER: Armes Deutschland.

FUCHS: Nicht *den* Blödsinn. Vorher!

GASSELSEDER: Die Amerikaner und die Russen haben sich an der Elbe vereinigt. *Er wirft seine Parteihose aus dem Fenster.*

Fuchs setzt sich still auf eine Bank. Währenddessen verwandelt sich der sehr kleine Ortsgruppenleiter in einen sehr kleinen Postbeamten.

FUCHS: Das ist jetzt der zweite Krieg in meinem Leben, und ich bin noch gar nicht so alt. Gib, lieber Gott, daß wir was lernen aus'm Unglück, wenigstens aus'm zweiten.

Ein Mann ist in das Postamt getreten, denn Fuchs hat vergessen, den Eingang wieder abzusperren. Der Mann trägt einen Monteuranzug. Er ist schmutzig und unrasiert. Weder Fuchs noch Gasselseder haben ihn bemerkt.

DER MANN: Guten Tag.

FUCHS *fährt hoch, hebt das Gewehr*: Raus oder ich schieße!

DER MANN: Legen Sie das Gewehr fort.

FUCHS: Das möcht Ihnen so passen! Gestern war auch schon so einer da! Ans Geld wollt's ihr, wo man nicht einmal weiß, ob's überhaupt noch was wert ist. Aber daraus wird nichts! Hier wird nicht gestohlen! *Er dringt auf ihn ein.*

DER MANN *ruhig*: Ich bin der neue Amtsvorstand. *Zeigt seinen Ausweis.*

FUCHS *liest, was auf dem Ausweis steht, und senkt das Gewehr*: Das hab ich nicht wissen können. Sie schauen nicht wie einer aus.

AMTSVORSTAND: Vom ersten Bezirk bis hierher hab ich zwei Tage gebraucht. Die Oberpostdirektion wünscht, daß ich sofort alles sicherstelle. *Schüttelt Fuchs die Hand.* Ich sehe, Sie haben das Postamt 118 glänzend verteidigt. Ich danke Ihnen, Herr –

FUCHS: Fuchs Ludwig.

Der Vorstand sieht fragend zu Gasselseder, der seine Toilette beendet hat. Er erwartet, mit ihm bekannt gemacht zu werden. In dieser Erwartung wird er enttäuscht, denn Fuchs hat das begreifliche Interesse, Gasselseder so schnell wie möglich loszuwerden. Er treibt ihn an:

Was stehen S' denn noch herum? Nehmen S' die Krachen und schmeißen S' sie draußen weg! *Drückt ihm das Gewehr in die Hand.* Und wenn S' einen Russen treffen, immer auf's Posthorn deuten. *Er weist auf das kleine goldene Posthorn am Kragenaufschlag Gasselseders und drängt ihn zur Tür.*

GASSELSEDER *erstickt*: Niemals vergesse ich Ihnen das, Herr Fuchs, niemals!

FUCHS: Is schon gut. Grüßen S' Ihre Frau schön, und sagen S' der Rosi, ich komm bald. *Sperrt ab und tritt zu dem Amtsvorstand, der immer nervöser wird, weil ihm das Gehabe des Fuchs nicht geheuer ist.* Entschuldigen, Herr Vorstand.

AMTSVORSTAND: Was war das für ein Mann?

FUCHS *gewinnend lächelnd*: Mein Ortsgruppenleiter. Seien S' nicht bös, ich hab ihm eine Uniform geliehen, in der er sich sehen lassen kann. Er bringt sie zurück, bis alles vorbei ist.

AMTSVORSTAND: Das war kein Briefträger?

FUCHS: Nein. Wissen Sie, er hat doch den Paul nicht angezeigt, das war anständig von ihm, drum hab ich ihm helfen wollen.

AMTSVORSTAND *ungemütlich*: Den Paul...

FUCHS *merkt nicht, was er anrichtet*: Na, ich hab doch so einen kleinen Juden versteckt. Wegen dem haben sie mich für unzurechnungsfähig erklärt.

AMTSVORSTAND *weicht zurück*: Sie sind unzurechnungsfähig?

FUCHS: Jetzt nicht mehr.

AMTSVORSTAND: Ah, jetzt nicht mehr!

FUCHS: Nur noch auf'm Papier. Er hat eben einmal ein Aug zugedrückt, der Göring.

AMTSVORSTAND: Der Göring...

FUCHS *eifrig*: Mein Schulfreund. Das is eine lange Geschichte, ich erzähle sie Ihnen in Ruhe, wenn's nicht mehr schießt. Ich möcht nur bitten, daß Sie so freundlich sind und gleich meine Wiedereinstellung in den Postdienst betreiben. Ich hab eine solche Sehnsucht nach meiner Arbeit.

AMTSVORSTAND, *bei dem feststeht, daß er einen Irren vor sich hat*: Sie sind gar nicht im Postdienst?

FUCHS: Nicht im Moment. Ich war, bis ich den Jagdschein gekriegt hab. Aber jetzt brauch ich den nimmer. Jetzt kann ich ruhig wieder normal sein. Ich freu mich schon so, wenn ich wieder losgehen darf mit dem vielen Geld!

AMTSVORSTAND: Mit dem vielen Geld ...

FUCHS *nimmt ein Buch*: Wie ich mich hierher verstecken gegangen bin vor'm Volkssturm, hab ich meine Bibel mitgenommen. Da ist so eine schöne Stelle, die paßt auf uns. Daß ich sie Ihnen vorles, Herr Vorstand ... *Liest:* «Denn eine Zeit wird kommen der Besinnung und des Friedens. Die Menschen werden ihre Schwerter zu Pflugscharen umschmieden und –»

AMTSVORSTAND: Herr Fuchs!

FUCHS: Ja?

AMTSVORSTAND: Wieviel Geld ist in dem Schrank?

FUCHS: So vielleicht fünfzehntausend.

AMTSVORSTAND: Sie ... haben ... den ... Schlüssel?

FUCHS: Ich hab alle Schlüssel von hier.

AMTSVORSTAND: Würden Sie ... könnte ich sie wohl haben?

FUCHS: No freilich. *Übergibt sie.* Hören S' doch, Herr Vorstand, die schöne Stelle: «Eine Zeit wird kommen der Besinnung und des Friedens. Die Menschen werden ihre Schwerter zu Pflugscharen umschmieden und ihre Dolche zu Winzermessern. Und ihre Kinder werden den

Krieg nicht mehr lernen.» *Er steht mitten im Raum, sein einfaches Gesicht leuchtet, als er wiederholt: «Und ihre Kinder werden den Krieg nicht mehr lernen!»*

Der Amtsvorstand starrt ihn an. Als Fuchs lächelt, lächelt auch er, aber ängstlich. Draußen rattert ein Maschinengewehr.

DUNKEL

7

DAS BÜRO DES POSTVORSTANDES

Ein Schreibtisch, mehrere Stühle, Schränke und Regale mit Akten. Am Schreibtisch telefoniert der Amtsvorstand.
Es erscheint eine hell angestrahlte Tafel mit dieser Zeitangabe:

17. OKTOBER 1946, WIEN

Die Tafel verschwindet.
Der Amtsvorstand ist überarbeitet, gereizt und offenbar im Gespräch mit einem Vorgesetzten, der ihm Vorwürfe macht.

AMTSVORSTAND: Nein, nein, Herr Ministerialrat, ich versichere Ihnen, der Mann hat keinen Grund, sich zu beklagen! Es ist eine Ungehörigkeit, daß er sich über meinen Kopf hinweg... Bitte? – Und *ob* ich ihn kenne! Das ist ein Nagel zu meinem Sarg! – Seit fünfundvierzig verfolgt er mich. Briefe, Gesuche, Anträge, Klagen. – Eine neuerliche Psychiatrierung? Herr Ministerialrat, seit neunzehnhundertfünfundvierzig haben *zwei* neuerliche

Psychiatrierungen stattgefunden! Das Ergebnis? Die Amtsärzte stützten sich beide Male auf das Gutachten aus dem Jahre neunzehnhundertvierundvierzig, das immerhin die Unterschrift einer Kapazität wie Professor Strohbach trägt! – Wie? Unzurechnungsfähig, selbstverständlich unzurechnungsfähig, völlig unzurechnungsfähig! Ich bitte Sie, schreibt ein normaler Mensch Briefe an den Herrn Bundeskanzler, den Herrn Justizminister und sämtliche Ministerien? – Nein. Nein, von der Presse haben wir nichts zu befürchten. Wir bewegten uns stets im Rahmen der gesetzlichen Vorschriften. – Den Brief? Gar nicht beantworten, Herr Ministerialrat. Der Mann kommt heute zu mir, ich rede noch einmal mit ihm. Ich hoffe, die Sache damit ein für allemal beilegen zu können. – Ja. – Ja. – Aber ich bitte Sie! Stets zu Ihren Diensten, Herr Ministerialrat! Mein Kompliment, meine Verehrung. *Legt auf; es klopft.* Herein.

Ludwig Fuchs tritt ein. Er sieht schlecht aus. Mager und blaß. Der alte Anzug ist zu groß für ihn. Umgang mit Behörden hat ihn bescheiden gemacht.

FUCHS: Grüß Gott. Sie ham mich für zehn Uhr bestellt, Herr Vorstand. Ich glaub, ich bin pünktlich.

AMTSVORSTAND *beherrscht, er nimmt sich sichtlich vor, freundlich zu sein*: Auf die Minute, Herr Fuchs! *Geht zu ihm, schüttelt ihm die Hand.* Nehmen Sie Platz.

FUCHS: Danke. *Er setzt sich und sieht den Amtsvorstand erwartungsvoll an.*

AMTSVORSTAND: Sie machen ja schöne Geschichten.

FUCHS: Wieso, Herr Vorstand?

AMTSVORSTAND: Sie haben mir doch versprochen, daß Sie keine Briefe mehr schreiben werden.

FUCHS *übertreibt sein Erstaunen*: Ja, und?

AMTSVORSTAND: Vor fünf Minuten hat mich der Ministerialrat Heger angerufen.

FUCHS *schlicht*: Oje.

AMTSVORSTAND: Ist das alles, was Sie zu sagen haben? Ist das der Dank? Sie haben sich über mich beklagt, daß ich Ihren Fall verschleppe. Schütteln Sie nicht den Kopf, er hat mir den Brief vorgelesen. Das ist *sehr* unrecht von Ihnen, Herr Fuchs. Gerade gegen mich, der ich weiß Gott *alles* getan habe, was möglich war. Sehr unrecht, Herr Fuchs! Ich hätte das nicht von Ihnen erwartet.

FUCHS *beschämt*: Verzeihen S' mir. Herr Vorstand. Ich weiß schon nimmer, was ich tu in meiner Not. Eineinhalb Jahre kennen wir uns jetzt und was is geschehen? Nix! Wenn das noch lang so weitergeht, hab ich meinen Jagdschein zu Recht.

AMTSVORSTAND: Sie verbittern sich Ihren Lebensabend, Herr Fuchs, ich verstehe das nicht. So schwere Zeiten haben Sie hinter sich. Warum machen Sie sich jetzt nicht noch ein paar schöne Jahre? Sie haben es verdient! Ein kleiner Garten, Blumen pflanzen. Lesen. In der Sonne liegen. Einen Hund könnten Sie sich anschaffen, ein Katzerl. Beneidenswert. Und Sie zerquälen sich, bloß weil Sie kein Geld mehr austragen dürfen. Warum, Herr Fuchs, warum denn?

FUCHS *den Tränen nahe*: Weil ich das Unrecht nicht ertrag, Herr Vorstand, drum! Es würgt mich in der Kehle. In der Nacht krieg ich keine Luft, wenn ich dran denk. Das Unrecht! Das Unrecht! Und keiner macht's gut. Unter die Nazis, da hab ich mir gesagt, halt durch, wenn's vorbei ist, werden sie dir alle helfen. Das allein hat mich am

Leben gehalten. Ich hab gedacht: *Es kommt eine neue Zeit.* Und jetzt ist sie da, die neue Zeit, und es hat sich nichts geändert für mich. Im Gegenteil, es ist alles nur noch schlimmer geworden!

AMTSVORSTAND: Na, na, na.

FUCHS: Doch, schlimmer! Seit ein paar Monaten ist sogar meine Rosi so komisch. Die glaubt auch schon, ich bin wirklich verrückt!

AMTSVORSTAND *sieht zur Seite*: Hr-rm. Hören Sie zu, ich habe Sie aus einem bestimmten Grund hergebeten. Ich – *Telefon* – Verzeihung. *Hebt ab.* Ja? – Das ist gut. Ich bitte ihn, noch einen Augenblick zu warten. *Legt den Hörer hin.* Also, Sie wissen, daß ich Ihnen helfen will?

FUCHS: Bestimmt, Herr Vorstand. Verzeihen S' mir den Ministerialrat Heger, ich werd's nie wieder tun.

AMTSVORSTAND: Sie müssen Vertrauen haben zu mir! Es hat lange gedauert, aber endlich konnten wir diesen Oberarzt ausfindig machen, von dem Sie immer erzählen.

FUCHS *aufgeregt*: Den Herrn Doktor Lerch?

AMTSVORSTAND: Er wartet draußen.

FUCHS *springt auf und drückt dem Amtsvorstand die Hand*: Der Herr Doktor Lerch! Das ist die Rettung! Der hat doch *damals* schon gesagt, ich bin ein Simulant und vollkommen normal!

AMTSVORSTAND, *der hier anscheinend irgend etwas vorbereitet hat*: Versprechen Sie mir, daß Sie diesen Doktor Lerch als letzte Autorität anerkennen werden?

FUCHS: Ach, Herr Vorstand! Mit'm Herrn Doktor Lerch ist alles ausgestanden! Der wird Ihnen bestätigen, was ich sag! Mein Herz. Ich bin so aufgeregt. Aber vor Glück, nur vor Glück.

AMTSVORSTAND *ins Telefon*: Ich lasse den Herrn Doktor bitten. *Zu Fuchs:* Ich habe Ihr Versprechen!

Fuchs nickt nur, er kann nicht reden.

Der ehemalige Oberarzt Dr. Lerch tritt ein. Er sieht erschreckend aus: Abgemagert, grau im Gesicht, sichtlich schwer krank. Er geht am Stock. Ein Bein schleift nach. Die Augen werden von einer großen schwarzen Brille verdeckt. Dr. Lerch bewegt sich wie eine mechanische Puppe, wie ein künstlicher Mensch. Und so spricht er auch: Metallen, ohne Stimmodulation, immer im gleichen Tonfall. Er ist unheimlich wie einst – auf eine andere Weise. Und er sagt noch immer: «Ich bitte recht höflich.»

LERCH: Guten Tag, meine Herren.

FUCHS *will ihm die Hand schütteln*: Herr Doktor, was ich mich freu, daß wir uns wiedersehen!

Lerch ergreift die Hand nicht.

Fuchs sieht verlegen zum Amtsvorstand.

AMTSVORSTAND: Ich bin Ihnen zu großem Dank verpflichtet, daß Sie meiner Einladung gefolgt sind, Herr Doktor.

Lerch verneigt sich stumm.

Wollen wir uns setzen. *Es geschieht.*

Lerch sitzt aufrecht, die Hände auf den Knien; er sieht ins Leere; Schweigen.

FUCHS *sehr erregt*: Sie erinnern sich doch an mich, Herr Doktor?

LERCH: Ich erinnere mich an Sie, Herr Fuchs.

FUCHS *ehrlich*: Mir tut das so leid, daß Sie krank sind.

LERCH: Ich sehe nicht eben vorteilhaft aus.

FUCHS *verstottert sich*: Aber doch, gewiß! Ich hab nur gemeint, wegen dem Bein ...

LERCH: Zwei Wochen nach unserer ersten Begegnung wurde ich an die Ostfront geschickt, Herr Fuchs.

AMTSVORSTAND *erklärt diplomatisch*: Herr Doktor Lerch ist erst vor einem Monat aus der Kriegsgefangenschaft zurückgekehrt. *Schweigen.*

LERCH: Ich bitte die Herren recht höflich, ihre Fragen zu formulieren. Ich muß noch zum Wohlfahrtsamt.

FUCHS *bewegt*: Es tut mir *wirklich* leid, daß es Sie so erwischt hat. Dieser *verfluchte* Krieg!

Lerch schweigt.

AMTSVORSTAND: Herr Doktor, es handelt sich um jenes Gutachten des Herrn Professor Strohbach, durch welches Herr Fuchs seinerzeit für unzurechnungsfähig erklärt wurde. Sie erinnern sich an dieses Gutachten?

LERCH: Ich erinnere mich an dieses Gutachten.

AMTSVORSTAND: Herr Fuchs behauptet, Sie hätten damals mit allem Nachdruck dagegen protestiert, weil Sie davon überzeugt waren, daß Herr Fuchs nicht verrückt – hrm, ich meine nicht unzurechnungsfähig ist.

FUCHS: Wissen S' noch, Herr Doktor, wie Sie sich aufgeregt haben über mich? Und mit Recht! Ich geb's zu, ich hab simuliert, damit ich nicht vor'n Volksgerichtshof komm! *Schmeichelnd:* Aber *Sie* ham's sofort durchschaut, ach ja! Was ich mich gefürchtet hab vor Ihnen. Komisch, und heute sind Sie meine Rettung!

Lerch schweigt.

AMTSVORSTAND: Warum sprechen Sie nicht, Herr Doktor?

Lerch schweigt weiter.

FUCHS: Herr Doktor, wir wollen Sie nicht aufhalten. Sie müssen zur Wohlfahrt. Sagen S' dem Herrn Vorstand, daß ich normal bin, und es is alles erledigt.

LERCH *spricht ins Leere*: Ich wurde an die Ostfront strafversetzt, weil ich meinem Vorgesetzten in einer Gutachtenfrage widersprochen habe. Es war unrecht von mir, die Meinung einer Kapazität wie Professor Strohbach anzuzweifeln und mich über seinen Kopf hinweg an das Reichssippenamt und Herrn Göring zu wenden. Ich möchte nach allem, was ich erlebt habe, aus meinem Herzen keine Mördergrube machen. Die Begegnung mit Ihnen, Herr Fuchs, bewegt mich zutiefst. Denn sie gemahnt mich an jene Zeit meines Lebens, in welcher ich bedenkenlos, skrupellos, ja, ich muß es aussprechen, *gewissenlos* handelte.

FUCHS *mißversteht*: Aber gehn S', Herr Doktor, es war Krieg, da ham wir alle schiefe Sachen gemacht.

LERCH *hebt eine Hand und läßt sie sinken*: Ich war ehrgeizig, *rasend* ehrgeizig. Ich wollte die Leitung der Klinik. Sie sehen, ich beschönige nichts, ich verschweige nichts. Ihr Fall, Herr Fuchs, war für Göring von Interesse.

FUCHS: No freilich, warum, der Göring –

LERCH: Unterbrechen Sie mich nicht, ich bitte recht höflich.

AMTSVORSTAND: Unterbrechen Sie den Herrn Doktor nicht.

LERCH *in einem Paroxysmus der scheinbaren Selbstanklage*: Ich wollte mit Ihrem Fall die Aufmerksamkeit höchster Stellen auf mich lenken. Ich habe niedrig gehandelt. Es ist nur eine kleine, zusätzliche Sühne, das heute auszusprechen.

Der Amtsvorstand nickt beeindruckt. Fuchs gerät in eine furchtbare Angst. Denn ihm und uns wird klar, daß dieser Dr. Lerch entschlossen ist, gnadenlos Rache zu nehmen für das, was ihm widerfuhr.

Die Front war meine Strafe. Sie hat ihren Sinn erfüllt. Ich bin ein anderer geworden. Ich hatte genug Zeit, um über alles nachzudenken. Ich will versuchen, nun ein besseres Leben zu führen. Wenn weiter Unrecht geschieht, durch neue Herren und Gewalten, dann begehre ich wenigstens, nicht länger daran teilzuhaben.

FUCHS *atemlos*: Aber Sie sagen doch bestimmt, daß ich *normal* bin!

LERCH *metallen*: Das sage ich nicht. Das *sagte* ich einmal. Weil ich es sagte, wurde ich an die Front versetzt.

Der Amtsvorstand und Fuchs reden gleichzeitig.

AMTSVORSTAND: Sie stehen also heute zum Gutachten des Herrn Professor Strohbach?

FUCHS: Um Gottes willen, Herr Doktor, es geht doch um meine Zukunft!

LERCH *sieht auf seine Armbanduhr*: Ich habe keinen Grund mehr, Kritik am Gutachten eines verehrten Vorgesetzten zu üben.

FUCHS *beginnt zu toben*: Verehrten Vorgesetzten! Daß ich nicht lach! Bespitzelt und bedroht haben Sie ihn! Gehaßt haben Sie ihn und beneidet! Sie sagen's doch selber! Aus lauter Angst hat er Sie hinzugezogen zum Gutachten! Wie können Sie nur so furchtbar lügen!

AMTSVORSTAND *laut*: Herr Fuchs!

LERCH *eisig*: Gestatten Sie, daß ich mich empfehle.

FUCHS *kippt um*: Bitte, Herr Doktor, verzeihen Sie mir, ich hab's nicht so gemeint! Sie waren doch meine größte Hoffnung!

LERCH *beachtet ihn überhaupt nicht, verneigt sich knapp vor dem Amtsvorstand*: Guten Tag.

AMTSVORSTAND: Sie sind bereit, Ihre Erklärung zu beeiden?

LERCH: Aber gewiß, ich bitte recht höflich. Das Gutachten besteht völlig zu Recht.

FUCHS *schreit*: Du lügst, du Sauhund!

AMTSVORSTAND *erregt*: Noch ein Wort, und ich werfe Sie hinaus!

FUCHS *tobend*: Nein, so kommt's ihr mir nicht davon! So nicht! Das könnt's ihr nicht machen mit mir!

AMTSVORSTAND: Ich erinnere Sie an Ihr Versprechen!

FUCHS: Das gilt nicht! Nicht, wenn so was passieren kann! Ich geb keine Ruh! Ich find mir Zeugen! Ich geh nach Nürnberg! Ich verlang, daß Sie den Göring einvernehmen in meiner Sache!

Lerch und der Amtsvorstand sehen sich an.

AMTSVORSTAND: Lesen Sie keine Zeitung?

FUCHS: Zeitung? Wieso?

AMTSVORSTAND: Ihr Göring hat sich gestern vergiftet.

Fuchs greift sich mit beiden Händen an den Hals, als fürchte er, zu ersticken. Er stößt heisere Leute aus und sinkt auf einen Sessel.

Der Amtsvorstand und Lerch sehen sich an. Sie nicken beide. Der Fall liegt klar. Der Amtsvorstand begleitet Lerch zur Tür. Dann kommt er zu Fuchs zurück, welcher ihn nicht beachtet. Der Amtsvorstand blickt mit einem Gemisch von Mitleid und Haß auf ihn herab.

FUCHS *steht nach einer Weile auf, sieht den Amtsvorstand an wie einen Fremden*: Ich geh schon, Herr Vorstand. Ich komm nie mehr zu Ihnen. Es gibt noch andere Leute, die die Wahrheit kennen. Und wenn es mich den letzten Groschen kostet. Und wenn es Jahre dauert. *Ich bin nicht verrückt.* Ich will doch wissen, ob es das noch gibt bei uns.

AMTSVORSTAND: Was?

FUCHS: Eine Gerechtigkeit.

DUNKEL

8

SPRECHZIMMER IN EINEM GEFÄNGNIS

Vom Bühnenvordergrund zum Bühnenhintergrund läuft ein hohes feinmaschiges Drahtgitter, welches das Sprechzimmer solcherart in zwei Hälften teilt. Auf jeder Seite des Gitters ein Sessel und ein Tisch. Auf jeder Seite ein vergittertes Fenster. Graue Wände.

Es erscheint eine hell angestrahlte Tafel mit dieser Zeitangabe:

11. JUNI 1947, WIEN

Die Tafel verschwindet.

In die linke Zimmerhälfte treten Fuchs und der freundliche Wärter aus der dritten Szene. Es ist sehr heiß. Fuchs wischt sich Schweiß von der Stirn.

WÄRTER *liebenswürdig wie im Dritten Reich*: So, Herr Fuchs. Der Herr Professor ist schon unterwegs. Sagen Sie, ich überleg schon die ganze Zeit: *Kennen* wir uns nicht? Entschuldigen Sie die Frage, aber mit der Zeit kommt fast jeder einmal zu uns.

FUCHS: Neunzehnhundertvierundvierzig, da war ich hier.

WÄRTER *schlägt sich an die Stirn*: Jetzt weiß ich's wieder! Ein Politischer! Zu dem Muttermörder hab ich Sie sperren müssen, weil wir so überfüllt waren.

FUCHS: Richtig. *Er schüttelt ihm die Hand.* Was is denn aus dem geworden? Hat er seinen Jagdschein gekriegt?

WÄRTER: Aber woher denn, ich bitt Sie! Der war doch so normal wie Sie und ich! Da kriegt man keinen Jagdschein. Nein, nein, den haben sie schön geköpft.

FUCHS: Und Sie sagen, es is noch immer so viel los bei Ihnen?

WÄRTER: Los schon. Aber miesere Leut. Also bei den Herren Päderasten und Sittlichkeitsverbrechern, da is es ja eher *noch* voller geworden! Dann haben wir einen Haufen Schleichhändler hier. Diebe, Schwindler, Huren, Schwarzschlächter natürlich. Nur bei den Politischen, da hat sich's gelichtet. Da könnten Sie jetzt eine Einzelzelle haben. Das ist es, was ich nicht versteh. Damals war hier doch alles voll mit Politischen! Da hab ich mir immer gedacht, wenn's Dritte Reich mal umschmeißt, dann werden doch mindestens ebenso viele Nazis herkommen. Das ist ja nur logisch, oder? Aber was soll ich Ihnen sagen? Die Zahlen stehen in gar keinem Verhältnis! Man könnte direkt glauben, die Hälfte von denen damals hat sich selbst angezeigt und ist freiwillig gekommen. Wie erklären Sie sich das?

FUCHS: Vielleicht wird es so sein: Die sie damals eingesperrt haben, ham damals keine Macht gehabt und ham heute keine. Die andern ham damals soviel Macht gehabt, daß es sogar heute noch reicht mit'm kleinen Vorrat. Soviel Macht verschwind' nicht so schnell.

In die andere Zimmerhälfte treten der zweite Wärter und Professor Strohbach.

Der Professor ist enorm gealtert, die Haut seines Gesichts ist durchsichtig weiß. Er trägt Sträflingskleidung und geht sehr vorsichtig, als befürchte er dauernd, anzustoßen. Er tritt an das Gitter.

FUCHS *aufgeregt*: Herr Professor!

ZWEITER WÄRTER: Besuchszeit zehn Minuten.

Beide Wärter setzen sich.

FUCHS: Monate hat's gedauert, bis daß ich endlich eine Sprecherlaubnis gekriegt habe.

STROHBACH: In drei Jahren wird das alles schon viel einfacher sein. Es wurden mir Erleichterungen in Aussicht gestellt, wenn ich mich gut führe.

FUCHS: Aber man hat Ihnen doch meine Briefe gegeben? Es waren sieben.

STROHBACH: Ich habe alle sieben bekommen.

FUCHS: Also, ich bin ja vollkommen außer mir! Sie sitzen, und dieser Hund, der Lerch, läuft frei herum! Wie gibt's denn so was?

STROHBACH: Ich bin von einem ordentlichen Gericht verurteilt worden.

FUCHS: Zu wieviel?

STROHBACH: Zu zehn Jahren.

FUCHS: Das ist doch ein schreiendes Unrecht, ist das! Der Lerch hat doch die vielen Sterilisationen gemacht, nicht Sie!

STROHBACH: Richtig. Aber ich war sein Vorgesetzter. Und zu jedem einzelnen Fall gab ich meine Unterschrift. Die Unterschrift erst ermöglichte das Verbrechen. Darum war ich zu verurteilen.

FUCHS: Das ist doch verrückt!

STROHBACH: Das ist gar nicht verrückt. Es geht *nur* darum, wer unterschreibt. Einer muß immer da sein, damit man ihn später dafür bestrafen kann. Sie sind etwa so alt wie ich, Herr Fuchs. Sie erinnern sich noch an den Ersten Weltkrieg. Als wir den verloren hatten und ein Waffenstillstand geschlossen werden mußte, fuhr da Herr Ludendorff nach Compiègne? Fuhr da Herr Hindenburg? Nein. Ein Herr Erzberger fuhr hin und unterschrieb die Kapitulation. Stellvertretend. Passierte den Herren Hindenburg und Ludendorff etwas? Keineswegs. Der eine wurde Reichspräsident und brachte Herrn Hitler an die Macht, der andere wurde nationalsozialistischer Reichstagsabgeordneter. Den Herrn Erzberger haben ein paar Patrioten erschossen. Sehen Sie, wie das funktioniert? Der Herr Erzberger war schuld. Von ihm kam die Unterschrift.

FUCHS: Ich kann gut verstehen, daß Sie so bitter reden, Herr Professor. Das ist wirklich ein Schuft, dieser Lerch. Schauen Sie doch bloß, wie er sich in meinem Fall benommen hat! Wenn Sie jetzt aussagen, dann können wir ihn vielleicht noch ordentlich reinreißen, wie er's verdient.

STROHBACH: Das wird leider nicht möglich sein.

FUCHS: Warum nicht?

STROHBACH: Weil ich nicht aussagen werde.

FUCHS: Aber Sie kennen mich doch! Sie wissen doch, wie es wirklich war!

STROHBACH: Herr Fuchs, wenn ich aussage, muß ich meine Aussage unterschreiben. Ich unterschreibe nichts mehr. Ich *kann* überhaupt nichts mehr unterschreiben. Es ist eine schwere Verschrankung bei mir eingetreten. *Zum zweiten Wärter:* Bitte, geben Sie mir einen Bleistift und ein Blatt Papier. *Er bekommt beides; indessen Fuchs ihn entgeistert anstarrt, beginnt er zu demonstrieren:* Sehen Sie selber. Ich schreibe Dorf. Oder Baum. Ich schreibe Blume. Jetzt passen Sie auf: Ich will Stroh schreiben. Da! Bitte! Die Hand versagt, verkrampft sich. Mir wird schwindlig. Schweißausbruch, Übelkeit. *Es geht nicht.* Und dabei ist Stroh nur der erste Teil von meinem Namen! *Er richtet sich auf, gibt den Bleistift zurück, doziert:* Eine Verschrankung, wie gesagt, auf Grund eines Traumas natürlich, eines unerlösten Traumas. Ich bin dabei, eine Arbeit darüber zu verfassen. Nein, ich kann keine Verantwortung mehr übernehmen. Für keine Aussage, für gar nichts, nicht einmal dafür, daß ich Eugen Strohbach heiße.

FUCHS: Das heißt, *Sie* wollen mir auch nicht helfen?

STROHBACH: Ich kann nicht.

FUCHS *schreit*: Ja, ist denn die ganze Welt ein Irrenhaus? Mit Ihrer Verschrankung verdienen *Sie* den Jagdschein doch viel eher als ich!

WÄRTER *mahnt*: Sie dürfen hier nicht schreien, Herr Fuchs.

ZWEITER WÄRTER: Die zehn Minuten sind gleich um.

FUCHS *faßt sich*: Was soll ich denn jetzt machen?

STROHBACH *gleichgültig*: Versuchen Sie doch, diesen Hauptmann zu finden.

FUCHS: Was für einen Hauptmann?

STROHBACH: Der damals aus Berlin herunterkam. Der mit dem einen Arm. Aber wohlgemerkt – und das sage ich vor zwei Zeugen! –, ich habe Ihnen da einen *ganz unverbindlichen* Hinweis gegeben, der *nichts* mit einer *persönlichen* Stellungnahme zu tun hat. Ich erkläre auch jetzt schon, daß ich eventuelle zukünftige Behauptungen dieses Hauptmanns weder bestreiten noch bestätigen werde. *Zum zweiten Wärter:* Wir können gehen. *Zu Fuchs:* Es tut mir leid, Herr Fuchs. Wenn man Sie eben zu zehn Jahren verurteilt hätte, könnten Sie mich besser verstehen. *Er verneigt sich knapp und geht mit dem zweiten Wärter ab.*

FUCHS *sinkt auf einen Sessel und schließt die Augen; dann stöhnt er und bewegt den Kopf ruckweise wie in einem schweren Krampf; er sagt, dazu mit einer Faust, aber sehr leise, auf den Tisch schlagend*: Nein... nein... nein... nein... nein...

WÄRTER *freundlich besorgt*: Herr Fuchs, hören S' auf damit. Sie müssen sich beruhigen. Sie können nicht ewig hierbleiben.

FUCHS: Nur noch einen Moment. Mir ist so schlecht.

WÄRTER *neugierig*: Wenn ich richtig verstanden habe, dann hat der Herr Professor Ihnen damals einen Jagdschein gegeben?

FUCHS: Weil der Göring es befohlen hat! Ich bin nicht verrückt! Drum will ich den Jagdschein ja wieder los sein! Glauben S' mir nicht?

WÄRTER: Ich glaub Ihnen aufs Wort. Ich seh sofort, ob einer verrückt is oder nicht. Bei den vielen Simulanten hier kriegt man einen untrüglichen Instinkt für so was.

FUCHS: Gott sei Dank, wenigstens einer. Aber dann müssen Sie doch auch verstehen, wie furchtbar das für einen Normalen is, daß man ihn nicht normal sein läßt.

WÄRTER *langsam*: Das is eben, was ich nicht verstehe.

FUCHS: Was?

WÄRTER: Daß Sie *unbedingt* wieder normal sein wollen. Sie sind doch viel geschützter so.

Fuchs starrt ihn an.

Sie können alles sagen. Was Sie denken. Was Ihnen paßt. Was Ihnen nicht paßt. Ob Sie einen mögen. Ob Sie einen nicht mögen. *Alles!* Wer kann das schon? *Ich* nicht. Und dann, ich bitte Sie, denken Sie doch an die Zukunft! Wer weiß, wie bald es wieder so weit ist, wie es gerade noch war?

DUNKEL

9

EIN ZIMMER

Alte Möbel. Kein Teppich. Beim Fenster ein Klavier. Hier wohnen arme Leute. Ein Flughafen muß sich in der Nähe befinden, denn wenn der Vorhang sich hebt, donnern eben sehr laut die Motoren einer startenden oder landenden Maschine.
Es erscheint eine hell angestrahlte Tafel mit dieser Zeitangabe:

17. FEBRUAR 1949, BERLIN

Die Tafel verschwindet.

Draußen klingelt es.
Frau Sander betritt das Zimmer durch eine Tür links und geht durch eine Tür rechts auf einen Flur hinaus. Frau Sander ist 38 Jahre alt, sehr blaß, sehr ernst. Sie lächelt nie. Man hört ihre Stimme und die des Ludwig Fuchs. Dann kommen die beiden ins Zimmer. Während der ganzen Szene wird alle drei Minuten eine Maschine über das Haus hinwegdonnern, in dem sich dieses Zimmer befindet. Fuchs

trägt alte Kleider, klobige Schuhe und einen Rucksack. Er hat eine lange und beschwerliche Reise hinter sich. Er ist mager, unrasiert und erschöpft – aber glücklich.

FUCHS: Daß ich endlich hergefunden hab! Seit Stunden lauf ich herum! So eine arme Stadt, die ham's vielleicht zerstört, da is ja in Wien rein überhaupt nichts passiert dagegen. Und jetzt auch noch diese Blockade. *Motorenlärm.* Daß Sie das aushalten!

FRAU SANDER: Geben Sie mir den Rucksack, Herr ... wie war der Name?

FUCHS: Fuchs.

FRAU SANDER: Herr Fuchs. Und Sie kommen aus *Wien*?

FUCHS: Ich hab's Ihrem Mann doch geschrieben. Hat er es Ihnen nicht gesagt?

FRAU SANDER *sehr nervös*: Das ... das muß er vergessen haben. Worum handelt es sich?

FUCHS: Er will zum Notar mit mir gehen und eine Aussage machen.

FRAU SANDER *wiederholt ausdruckslos*: Eine Aussage ...

FUCHS: Das ist eine lange Geschichte. Ich –

Der Eintritt des ehemaligen Hauptmanns Sander unterbricht seine Erklärung –

Herr Hauptmann!

Sander trägt einen alten Anzug, ein altes Hemd und eine alte Krawatte. Seine Bewegungen haben etwas Fahriges. Sein Gesicht ist sehr blaß, die Augen sind ohne Glanz. Er ist ungemein jovial und bei weitem nicht mehr so traurig wie einst. Er lacht, im Gegenteil, gerne und oft, manchmal grundlos. Was immer er tut und sagt: Seine Frau beobachtet ihn stets besorgt wie einen Kranken, der jeden Augenblick in ein kritisches Stadium geraten kann.

SANDER *kommt strahlend auf Fuchs zu, schüttelt ihm die Hand*: Mensch, ist das eine Freude! Er hat's geschafft! *Schlägt ihm auf die Schulter und ahmt Wiener Dialekt nach:* Der alte Fuchs aus der Weanerstadt hat die Blokkade der Roten Armee durchbrochen!

FUCHS *bescheiden*: Mit Zigaretten. Bis Hof bin ich per Zug gefahren, dann hab ich angefangen mit'm Schmieren.

SANDER *lacht entzückt*: Dann hat er angefangen mit'm Schmieren!

FUCHS: Gibt überall starke Raucher, im einen Deutschland wie im anderen. Ein Chauffeur aus Dresden hat mich mitgenommen bis Dreilinden. Freundlicher Mensch! Sein Sohn is auch Briefträger, wir haben unsere Adressen getauscht. No, und das letzte Stückl in den amerikanischen Sektor hat mich ein Ami gefahren, dem hab ich Heurigenlieder vorsingen müssen, er war ganz narrisch damit. Zum Schluß hat er mir noch eine Stange Chesterfield geschenkt. Jetzt hab ich mehr als genug für'n Rückweg. *Er lacht, Sander lacht gleichfalls, vielleicht zu laut. Frau Sander lacht nicht.*

SANDER: Wie findest du denn das, Luise? Ein Ami schenkt ihm auch noch Zigaretten.

FRAU SANDER *unruhig*: Herr Fuchs sagt, du willst eine *Aussage* machen? Da weiß ich ja gar nichts davon.

SANDER *lacht*: Ich habe eben auch meine kleinen Geheimnisse, liebe Luise! Um ehrlich zu sein, ich vergaß, es dir zu erzählen.

FRAU SANDER *seltsam aufgeregt*: Aber –

SANDER *plötzlich scharf*: *Bitte!* Das ist meine Sache.

FUCHS *tröstet*: Nix Wichtiges, gnä' Frau. *Zu Sander:* Wie ich Sie endlich gefunden hab übers Rote Kreuz und Sie ham geschrieben, daß Sie mir helfen wollen, hab ich geheult wie ein kleiner Bub. So glücklich war ich! Da hat mich natürlich auch eine Blockade nicht mehr aufhalten können!

Es entsteht eine Pause. Ein Flugzeug braust über das Haus hinweg.

SANDER *geschäftig*: Jetzt setzen wir uns aber endlich und trinken einen Begrüßungsschnaps. Sie können sicher einen Cognac vertragen, Herr Fuchs, wie?

FUCHS *selig*: Da sag ich nicht nein, Herr Hauptmann! Zu blöd, ich alter Trottel nenn Sie noch immer Herr Hauptmann. Herr Sander mein ich natürlich.

FRAU SANDER *gepreßt*: Es ist doch erst elf. Vielleicht will Herr Fuchs lieber ein Bier ...

FUCHS *unschuldig*: Also, wenn ich mir's aussuchen darf, lieber Cognac. Ich hab ein bissel Herzflattern. Die Aufregung, wissen S', gnä' Frau.

SANDER: Da hörst du es! *Die Eheleute sehen sich an.* Außerdem ist es schon halb zwölf, und ich habe noch nicht – *Er bricht ab, sieht seine Frau wieder an:* Nur einen! *Frau Sander nimmt erbittert einen Schlüssel aus der Tasche ihres Kleides und geht zu einem Schrank, den sie öffnet. Sie entnimmt ihm eine Flasche und zwei Gläser, trägt sie zum Tisch und setzt sie hart auf die Platte. Dann geht sie schnell aus dem Zimmer. Sander beachtet sie nicht mehr, seit die Flasche auf dem Tisch steht. Mit zitternder Hand gießt er die Gläser voll und verschüttet dabei etwas Cognac. Er lacht grundlos.*

FUCHS *hat Frau Sander erschrocken nachgesehen:* Ist die Frau Gemahlin bös auf mich?

SANDER *lacht:* Böse? Warum sollte sie böse sein?

FUCHS: Weil ich gesagt hab, lieber Cognac.

SANDER: Was für'n Quatsch! Meine arme Luise ist nur völlig mit den Nerven herunter. Diese Blockade macht sie fertig. Die Mutter sitzt drüben im Osten. Sie dürfen ihr nichts übelnehmen. Die beste Frau von der Welt. Ich wäre verloren ohne sie.

FUCHS: Sind's wirklich nur die Nerven?

SANDER: Wirklich. Sie hält die Flugzeuge nicht mehr aus. Diesen Motorenkrach. Mir macht er Gott sei Dank überhaupt nichts. Prost, Herr Fuchs! Auf unser Wiedersehen!

FUCHS: Prost, Herr Sander. Ich glaub, das is der schönste Tag, seit ich geboren bin!

Sander füllt sofort wieder die Gläser; er trinkt das seine im folgenden noch zweimal leer, aber so, als täte er etwas Verbotenes; nach jedem Schluck lächelt er verlegen.

Ihre arme Frau. Mein Gott, is das ein Leben hier.

SANDER: Ach, wissen Sie, gleich nach dem Krieg, da hatten wir hier eigentlich ein wunderbares Leben. Wir wohnten damals noch im Grunewald. Ich bin Musiker. Meine Frau ist Malerin. So kamen die ganzen Kulturoffiziere zu uns. Wir hatten russische Freunde und amerikanische, deutsche, französische, englische. Alle kamen zu uns. Die Russen brachten Wodka und Fleisch, die Amis Konserven und Zigaretten, die Engländer Whisky, die Franzosen Rotwein. Und alle brachten neue Bücher und neue Schallplatten und Zeitschriften aus der ganzen Welt. Nächtelang saßen wir zusammen und debattierten, die Russen mit den Amis, die Engländer mit den Deutschen, eine einzige große Familie. Was gab's da für Freundschaften! Was waren das für Nächte!

Fuchs: Ja, das muß wunderbar gewesen sein. *Motorenlärm.*

Sander *trinkt*: Na, denn prost, Herr Fuchs! Auf den dritten Weltkrieg!

Fuchs: Glauben S' wirklich, er kommt?

Sander: Unvermeidlich.

Fuchs: Wieso unvermeidlich? Es sind doch nur die Menschen, die den Krieg machen. Also müssen ihn die Menschen doch auch verhindern können.

Sander: Sie wollen ihn nicht verhindern.

Fuchs: Das glaub ich nicht. Vielleicht geht's Ihnen im Moment nicht gut, aber da kommen auch wieder andere Zeiten. Schauen S', ich war schon so verzweifelt, und dann hab ich Sie gefunden. Und freundliche Leut haben mir hierher geholfen. Die Menschen sind nicht schlecht, man muß nur *auch* freundlich sein.

Sander *hat das zweite Glas getrunken, seine Bewegungen werden unruhiger, die Wangen röten sich, er beginnt mit einigen Schwierigkeiten zu sprechen, was Fuchs noch entgeht*: Sie sind ein guter Kerl, Herr Fuchs. Ich will Ihnen nicht das Herz schwer machen. Jetzt trinken wir noch ein Glas, und wenn Sie wünschen, gehe ich dann sofort mit Ihnen zum Notar! *Er gießt sein Glas voll, er greift nach dem zweiten.*

Fuchs *hält die Hand über sein Glas*: Nein, danke, mir nichts mehr. Wie Sie das sagen: «Dann gehe ich sofort mit Ihnen zum Notar!» Drei Jahre habe ich auf diesen Moment gewartet!

Sander: Ich gebe alles zu! Wie es war, die ganze Chose. Mit Lust! Damit zu meinen Lebzeiten wenigstens *eine*

Schweinerei aus der Welt geschafft wird. Und sollte ich nicht genügen, dann suchen wir auch noch den Kühn. Und wenn ich ihm die Knochen brechen muß – jetzt wird der auch die Wahrheit sagen!

FUCHS: Der Kühn – wer ist denn das?

SANDER: Ein Hauptmann im Luftfahrtministerium, mit dem ich zusammengearbeitet habe. Der weiß von Ihrer Sache. Mit dem ... mit dem fing überhaupt alles an.

FUCHS: Und wo ist der jetzt?

SANDER: Irgendwo im Westen sicherlich.

Motorenlärm.

Mit erschreckender Wildheit preßt Sander plötzlich die Hand an das Ohr. Das macht mich noch *wahnsinnig*! Alle drei Minuten! Sommer und Winter! Tag und Nacht! Alle drei Minuten!

FUCHS *erstaunt*: Ich denk, Ihre Frau leidet so darunter, und Ihnen macht der Krach überhaupt nix?

SANDER *sieht ihn abwesend an*: Wie kommen Sie darauf?

FUCHS: Sie haben es doch selbst gesagt!

SANDER *trinkt wieder*: Da haben Sie sich verhört, alter Freund. Meiner Frau ist der Krach schnuppe!

FUCHS *will über die Peinlichkeit dieses Aneinandervorbeiredens hinweggehen*: Is eigentlich schon mal was passiert bei der Fliegerei?

SANDER: Im Januar. Drei Straßen von hier. Gegen Abend. Kommt so ein Ding herunter, beladen mit Mehl. In der Einflugschneise zu weit nach rechts – und mitten rein in ein Haus. Mensch – das war vielleicht eine Schweinerei!

FUCHS *leise*: Viele Tote?

SANDER: Sechs. Und ein Haufen Verletzte. Passen Sie auf,

jetzt kommt die Pointe! Alles brennt. Die Hitze ist so groß, daß das Wrack weißglühend wird. Vor dem Haus steht ein Baum im Schnee, so 'ne olle Kastanie. Am nächsten Morgen, was glauben Sie, was geschehen ist?

FUCHS: Was?

SANDER *spricht jetzt sehr schwerfällig, lehnt sich weit über den Tisch*: Die Kastanie hat zu blühen begonnen.

FUCHS: Gehn S' weiter!

SANDER: Die Hitze war schuld. Die Blätter kamen heraus und die Blüten. Es sah unheimlich aus. Trümmer, Blut, Mehl. Und mittendrin steht so ein Krokus und blüht...

FUCHS *lächelnd*: Eine *Kastanie*...

SANDER *lallt*: Was denn, Kastanie? Krokus, gelber Krokus! Wo Sie hinschauen, Krokus, die ganzen Wiesen von Kitzbühel voll... ich gehe zum Hahnenkamm rauf, durch den... den Wald...

FUCHS *entsetzt*: Herr Sander!

SANDER *hört ihn nicht, lallt weiter, den Blick ins Leere gerichtet*: ... ganz weich der Boden... von verfaultem Laub und von der Schneeschmelze ... und überall Krokus... gelbe Punkte... gelbe... Punkte... gelbe...
Er ist nach vorn gesunken. Mit dem Kopf auf der Tischplatte blinzelt er jetzt nach oben. Aus seinem Mund rinnt Speichel. Es folgt eine furchtbare Stille.
Fuchs starrt Sander an. Die Wahrheit dämmert ihm.
Eine Maschine braust über sie hinweg.
Sander sagt mit entsetzlicher Mühe: Entschuldigen Sie mich. *Er steht schwankend auf und wirft dabei die Flasche um. Torkelt aus dem Zimmer. Der Cognac tropft vom Tisch.*

FUCHS *leise*: Barmherziger Gott im Himmel.

Die Tür fliegt auf.

FRAU SANDER *kommt in größter Eile herein. Sie beachtet Fuchs nicht, sondern sucht in einer Schublade unter verschiedenen Medikamenten etwas Bestimmtes. Mit sich selber sprechend*: Wo ist es nur? Wo hab ich es hingelegt? Er hört nicht auf mich. Er hört nicht auf mich...

FUCHS *tonlos*: Frau... Sander...

FRAU SANDER *dreht sich um*: Ja? *Sie nimmt sich zusammen.* Verzeihen Sie, Herr Fuchs. Sie können nichts dafür. Mein Mann ist ein pathologischer Trinker. Vor drei Wochen kam er das letzte Mal aus der Anstalt.

FUCHS *wie gelähmt*: Anstalt...

FRAU SANDER *hat eine Ampulle gefunden, köpft sie und zieht den Inhalt in eine Injektionsspritze hoch*: Er muß doch immer wieder diese Entziehungskuren machen. Ich wußte nichts von Ihnen, sonst hätte ich Sie gewarnt.

FUCHS: Gewarnt?

FRAU SANDER: Herzukommen. Mein Mann ist vor einem halben Jahr entmündigt worden.

FUCHS: Er ist *entmündigt*? Aber... aber dann hat ja seine Aussage gar keinen Wert!

FRAU SANDER: Ich sage doch, ich hätte Sie gewarnt. Nur: wie? Er hat so viele Heimlichkeiten, seit er... seit er so ist... Es tut mir leid, Herr Fuchs, wirklich furchtbar leid für Sie. Wenn er den Anfall hat, muß ich ihm immer diese Spritze geben. *Frau Sander hat die Spritze gefüllt und eilt aus dem Zimmer.*

Fuchs sitzt reglos.

Eine Maschine donnert über ihn hinweg.

DUNKEL

10

DIE WOHNKÜCHE

Ein Sommernachmittag. Am Herd kocht Rosi Kaffee, am Tisch sitzt Frau Wenzel. Rosi ist nun eine junge Frau, die sich mit Anmut bewegt. Frau Wenzel sieht verfettet aus. Während der ganzen Szene ißt sie Kuchen.
Es erscheint eine hell angestrahlte Tafel mit dieser Zeitangabe:

25. JUNI 1950, WIEN

Die Tafel verschwindet.

FRAU WENZEL, *Informationen Rosis notierend, dabei Kuchen kauend:* ... den Salat nicht zu scharf, am liebsten mit Zitrone ...

ROSI: Auch ein bissel Zucker daran hat er gern.

FRAU WENZEL *notierend:* Ein bissel Zucker. Ißt er Rindfleisch?

ROSI: Früher hat er alles gegessen. Jetzt wird es immer ärger mit ihm. Was ich auch koch – kaum ein paar Bissen würgt er runter.

FRAU WENZEL *verfressen*: Ah, das laß ich ihm aber nicht durchgehen! Wenn einer nicht essen will, das ist der Anfang vom Ende. Schauen Sie mich an: Der Arzt sagt, Sie essen zuviel, Frau Wenzel, Sie stopfen sich, es geht Ihnen auf die Leber! Aber ich sag, Herr Doktor, sag ich, lang genug hab ich hungern müssen, und was für Kummer hab ich gehabt, der Mann gefallen, der Sohn gefallen! Längst zusammengebrochen wär ich, wenn ich nicht ordentlich essen möcht, nur darum bin ich noch immer so lustig und fühl mich so gesund! *Sie muß kurz weinen, bevor sie weiterkaut.*

ROSI: Mir ist das Herz so schwer, wenn ich jetzt auszieh. Aber was soll ich denn tun? Für drei ist die Wohnung zu klein! Und wenn ich die Stelle annehme, kann ich mich einfach nicht mehr richtig kümmern um ihn.

FRAU WENZEL: Müssen sich keine Vorwürfe machen. Gut wird es ihm gehen. Mal koch ich bei ihm, mal koch ich bei mir. Abends gehen wir vielleicht in ein Kino oder hören Radio. Wann ist denn die Hochzeit?

ROSI: In sechs Wochen. Da hat der Paul Semesterferien auf der Universität.

FRAU WENZEL: Der arbeitet auch Tag und Nacht, was? Ganz verrückt ist der mit seiner Wissenschaft!

ROSI: Und wie! Manchmal bin ich richtig eifersüchtig auf diese Atome. *Sie demonstriert:* Sehen Sie, ich geb immer nur *einen* Löffel. Der Vater will Kaffee am Nachmittag, er hält ihn wach. Aber zuviel ist schlecht fürs Herz.

FRAU WENZEL *notiert*: Immer nur einen Löffel. – Wo ist er denn jetzt?

ROSI: Ich weiß es nicht. Jeden Tag geht er fort, es dauert Stunden, bis er wiederkommt.

FRAU WENZEL *kauend*: Der Arme! Also wird's schlimmer?

ROSI: Mit dem Alter, ja. Manchmal sitzt er allein hier und redet endlos mit den Töpfen. Dann wieder läuft er weg. Zweimal haben ihn schon die Polizisten heimgebracht.

FRAU WENZEL: Polizisten!

ROSI *beruhigend*: Sie brauchen sich aber nicht zu fürchten, überhaupt nicht. Er ist der gutmütigste Mensch, den es gibt. Vielleicht wird er Ihnen erzählen, es gibt wieder einen Krieg, aber da müssen Sie gar nicht hinhören.

FRAU WENZEL: Er kommt.

Ludwig Fuchs tritt ein. Sein Haar ist nun schon sehr grau, und er geht gebückt. Aber sein Gesicht wirkt noch freundlicher und noch naiver. Wenn er lächelt, sieht er aus wie ein Kind.

FUCHS: So, da wär ich wieder! Ah, Frau Wenzel, das ist schön, trinken S' eine Tasse Kaffee mit uns! Servus, Rosilein. Auf den Kaffee freu ich mich seit dem Michaelerplatz! *Er setzt sich, reibt seine Hände.*

Rosi gießt die Tassen voll.

FRAU WENZEL: Wo haben S' denn solang gesteckt? Was ham S' gemacht, Herr Fuchs?

FUCHS: Sehen Sie, Frau Wenzel, seit einer Ewigkeit bin ich doch hinter dem zweiten Hauptmann aus dem Luftwaffenministerium her, diesem Kühn, von dem der arme Herr Sander mir erzählt hat. Mit dem Suchdienst von einer reichsdeutschen Illustrierten arbeit ich sogar schon. Was wird dabei herauskommen? Nix! Jetzt hat jemand gemeint, ich soll einmal einen Rechtsanwalt fragen, was ich sonst noch tun kann, und er hat mir auch gleich einen genannt. Aber wie ich hin bin, hab ich g'sehn, das is ein ganz teurer, weil, er wohnt in einem Haus mit Marmortreppen. So einen kann ich nie bezahlen, also is das wieder nix!

Lautes Klopfen. Stimme Gasselseders: «Herr Fuchs! Herr Fuchs!»

Herein!

Der ehemalige Luftschutzwart und Ortsgruppenleiter Gasselseder kommt in die Küche gestürzt. Er erscheint noch kleiner, weil er dicker geworden ist. Er trägt nur Hemd und Hose und ist außer Atem. Die Hosenträger baumeln.

GASSELSEDER *keuchend*: Krieg! Es ist Krieg!

Alle erschrecken.

FRAU WENZEL *verschluckt sich*: Jesus, Maria und Josef, geht's schon wieder los?

GASSELSEDER: Nicht bei uns. In Korea.

FRAU WENZEL: Wo ist denn das, Korea?

GASSELSEDER *gebildet*: Hinter Japan. Eine Insel.

ROSI *gebildeter*: Eine Halbinsel.

FRAU WENZEL: Hauptsache weit weg. Es *ist* doch weit weg, wenn es hinter Japan ist, nicht?

GASSELSEDER: Trotzdem werden wir es natürlich zu spüren bekommen.

FRAU WENZEL: Sie meinen mit Bomben?

GASSELSEDER: Das nicht. Aber mit Teuerung, Lebensmittelknappheit.

FRAU WENZEL: O Gott, o Gott, wenn ich denk, wie ich gehungert hab das letzte Mal!

GASSELSEDER: Sie müssen sich sofort einen kleinen Vorrat anlegen. Kartoffel, Reis, Zucker, Fett. Das rat ich auch Ihnen, Fräulein Rosi.

FRAU WENZEL: So eine Gemeinheit! Jetzt knapp vor dem Ersten fangen's an, wo unsereins kein Geld mehr hat!

GASSELSEDER: Ich persönlich werd mich auf Benzin werfen.

ROSI *angstvoll*: Und daß der Krieg bis zu uns kommt –

GASSELSEDER: Ich versteh! Der Herr Bräutigam, gelt? Keine Angst! Diesmal sind wir heraußen! Es geht also auch ohne uns! Das ist endlich einmal ein Krieg, an dem wir nicht schuld sind.

Darüber lachen alle außer Fuchs.

ROSI: Was hast du, Vater?

FUCHS: Ihr lacht. Es ist Krieg, und ihr lacht! Und redet von Benzin und von Zucker und von Fett. Und *ihr* seid normal. Und *ich* bin verrückt.

Peinlich berührt sehen ihn alle an. Es klopft wieder.

Was ist?

Der Briefträger Zötterl tritt ein; er bringt ein Telegramm und bleibt bei der Tür stehen; er ist sehr verlegen.

ZÖTTERL: Telegramm für dich. Mußt unterschreiben.

FUCHS *aufgeregt*: Telegramm? Komm schon her, Zötterl! Ich freß dich nicht.

ZÖTTERL *tritt zögernd näher, während Fuchs unterschreibt*: Ich hab so ein schlechtes Gewissen. Seit damals. Seit ich geglaubt hab, du bist ein Spitzel und spielst nur den Verrückten.

FUCHS: Ich hab ihn doch auch nur gespielt.

ZÖTTERL *unglücklich*: Ja, natürlich, freilich. So mein ich es ja auch. Servus. Habe die Ehre. *Er verschwindet schnell.*

FRAU WENZEL, *ihm nachblickend*: Das war auch so einer.

GASSELSEDER *verträumt*: Ah ja!

Fuchs liest das Telegramm, sinkt zurück, greift sich ans Herz.

ROSI: Vater, was ist?

FUCHS *liest mühsam*: «Erfahre soeben, daß Sie mich suchen stop erwarte Sie umgehend zur Besprechung stop Flugkarte liegt für Sie bereit im Stadtbüro der Air France stop rückdrahten Sie Ankunft Düsseldorf stop Werner Kühn, Cecilienallee 541.»

Die drei anderen Menschen sehen sich an. Sie sind sehr überrascht.

Ein Billett schickt er mir. Auf meine alten Tag werd ich noch fliegen! Jetzt seid ihr still, ha? Jetzt werdet ihr was erleben!

DUNKEL

11

EIN ZWEITES ZIMMER

Das zweite Zimmer soll einen vollkommenen Gegensatz zum ersten bilden. Im Zimmer des ehemaligen Hauptmanns Sander sprach die Armut. Im Zimmer des ehemaligen Hauptmanns Kühn spricht der Reichtum. Das zweite Zimmer ist die – einzige – prunkvolle Dekoration des Stückes.

Wenn sich der Vorhang hebt, sind Kühn und Frau damit beschäftigt, eine Kabelleitung zu installieren, die von einem kleinen Mikrophon fortläuft. Das Kabel verstecken sie unter dem Teppich und hinter einem Vorhang, das Mikrophon verbergen sie in einer großen Blumenschale.

Kühn ist pedantisch frisiert und gekleidet. Blauer Anzug, weißes Hemd, silberne Krawatte. Er sieht aus wie das, was er ist: Ein äußerst erfolgreicher Geschäftsmann.

Frau Kühn ist eine blasse, schmuckbehängte Frau.

Kühn arbeitet manisch. Frau Kühn bewahrt Ruhe. Aber sie ist bedrückt. Gelegentlich sieht sie ihren Mann an, als hätte sie ihn noch nie gesehen.

Es erscheint eine hell angestrahlte Tafel mit dieser Zeitangabe:

27. JUNI 1950, DÜSSELDORF

Die Tafel verschwindet.

KÜHN: Sieht man das Kabel?

FRAU KÜHN: Nein.

KÜHN *hysterisch*: Natürlich sieht man es!

FRAU KÜHN: Natürlich sieht man es *nicht*. Um Gottes willen, Werner, nimm dich zusammen.

KÜHN: Ich muß mich zusammennehmen, ja. Er kann gleich hier sein. Die Maschine ist vor einer Stunde gelandet. Aber das Mikrophon sieht man!

FRAU KÜHN *geduldig, doch selbst in Angst*: Man sieht das Mikrophon ebensowenig wie das Kabel.

KÜHN: Wo ist das Tonbandgerät?

FRAU KÜHN: Wo du es hingestellt hast. Nebenan im Schlafzimmer.

KÜHN: Du weißt, was du zu tun hast.

FRAU KÜHN *mit Mühe beherrscht*: Ich weiß, was ich zu tun habe.

KÜHN: Sobald er das Zimmer betritt, schaltest du ein. Ich brauche alles, das ganze Gespräch. Das Tonband ist meine letzte Hoffnung. *Er lacht böse*. So sieht das aus! Da hat man nun jahrelang geschuftet. Die Fabrik. Das Haus. Dreihundert Leuten gibt man Arbeit! Vollbeschäftigung. Tag- und Nachtschicht, seit es da unten in Korea losgegangen ist. Da taucht dieser verfluchte Hund auf.

FRAU KÜHN: Er wird kein Geld von dir nehmen. Er *kann* kein Geld von dir nehmen.

KÜHN: Hör auf damit! Wie soll ich die Nerven behalten,

wenn ich das immer wieder höre, er nimmt kein Geld, er nimmt kein Geld!

Seine Frau sieht ihn an, er beißt sich auf die Lippen. Entschuldige. *Er fährt sich über die Stirn, spricht Worte, die er ohne Zweifel oft gesprochen hat, um Seelenstärke aus ihnen zu gewinnen:* Ich werde das Gespräch *äußerst* geschickt führen. Ich werde ihm die Sätze in den Mund legen. Es genügt schon, wenn er das Geld nicht *gleich ablehnt*. Dann spiele ich ihm das Tonband vor und sage ihm auf den Kopf zu, daß er nur hergekommen ist, um mich zu erpressen. So was sieht übel aus vor Gericht, Herr Fuchs, sage ich, sehr übel! Dann muß er das Geld nehmen.

FRAU KÜHN: Warum hast du ihm nur gleich das Telegramm geschickt?

KÜHN: Was hätte ich denn tun sollen, nachdem diese Illustrierte mich gefunden hat? Warten, bis die Redaktion ihn fragt, sagen Sie einmal, Herr Fuchs, was wollen Sie eigentlich von diesem Kühn?

FRAU KÜHN: Und wenn er – verzeih, aber es geht ja auch um meine Zukunft – und wenn er *doch* kein Geld nimmt?

KÜHN: Dann muß ich weg. Ich lasse mich nicht einsperren! Ich habe jede Möglichkeit einkalkuliert. Südamerika! Fritz sitzt unten. Der hilft mir. Ihr kommt nach. – Aber er nimmt Geld! Er nimmt. *Er läuft hin und her.* Ich muß nur ganz ruhig sein.

FRAU KÜHN: Bist du auch sicher, daß der Name stimmt?

KÜHN: Fuchs! Fuchs! Natürlich stimmt er! Ich nahm dem Kerl damals in Berlin doch noch sein Soldbuch ab. *Eberhard* Fuchs stand da, ich sehe es noch vor mir. Und aus

Wien. Und bevor ich ihn erschoß, da sagte er: Mich erschießen Sie jetzt. Aber Sie können uns nicht *alle* erschießen, Herr Hauptmann! Ein paar werden übrigbleiben, *einer* genügt. Er wird meinen Vater suchen und ihm alles erzählen. Und mein *Vater* wird Sie finden, Herr Hauptmann ... Fuchs, Eberhard. Natürlich! Was ist?

FRAU KÜHN *tritt ans Fenster und blickt hinaus, still*: Ohne diesen Briefträger hätte ich es nie erfahren.

KÜHN: Nun mach nicht auch noch Theater! Du mußt dich damit abfinden.

FRAU KÜHN, *die in den Garten hinaussieht*: Ich muß mich damit abfinden. Ich bin mit einem Mann verheiratet, der seinen Kameraden erschossen hat.

KÜHN: Es war Krieg.

FRAU KÜHN: Wir haben zwei Kinder.

KÜHN: Die wissen von nichts!

FRAU KÜHN: Aber ich weiß es jetzt!

KÜHN: Du bist meine Frau. Großer Gott, Grete, ich war Offizier! Ich habe nur meine Pflicht getan. Er war ein Deserteur.

FRAU KÜHN: Er war ein Mensch.

KÜHN: Du weißt nicht, wie es damals zuging in Berlin! Du warst schon im Westen! Die russischen Panzer am Stadtrand. Da heißt es: Raus nach Moabit mit zwanzig Mann! Und da sagt dieses Schwein, er macht nicht mehr mit!

FRAU KÜHN: Bitte!

KÜHN: Ich habe nur meinen Befehl ausgeführt.

FRAU KÜHN: Dieser Eberhard Fuchs nicht. Der hat sich geweigert, zu schießen.

KÜHN: Ist ja dann auch selbst erschossen worden!

FRAU KÜHN: Ja. *Von dir.* Hör auf!

X

KÜHN: Hätte ich mich vielleicht von *ihm* erschießen lassen sollen? Jahrelang hat mich die Sache verfolgt. Geträumt habe ich davon, immer wieder. Endlich fing ich an, sie zu vergessen. Und jetzt erscheint der Vater...

FRAU KÜHN: Weshalb er dich nicht gleich angezeigt hat?

KÜHN: Das sage ich doch! Er *nimmt* Geld! Warum kommt er sonst überhaupt her? Warum ist er nicht zur Polizei gegangen? Nein, nein, da ist eine reelle Chance, ich muß es nur geschickt anfangen.

FRAU KÜHN *sieht ihn an: Geschickt!*

KÜHN: Schau mich nicht so an! Ich ertrage das nicht!

FRAU KÜHN *sieht wieder in den Garten hinaus*: Ich glaube, das ist er.

KÜHN *stürzt zu ihr, sieht aus dem Fenster, preßt die Hände an die Schläfen*: Geh ins Schlafzimmer! Sofort einschalten!

Frau Kühn geht aus dem Zimmer.

Kühn steht mit geneigtem Kopf und ineinander verflochtenen Fingern da. Er bewegt die Lippen. Es wird uns klar, daß Herr Kühn betet.

Klopfen.

Ja?

Ein Mädchen erscheint.

MÄDCHEN: Ein Herr Fuchs, gnädiger Herr.

KÜHN: Ich lasse bitten.

Fuchs tritt ein. Er trägt seinen besten Anzug. Er ist ernst und unsicher, beeindruckt von der Umgebung. Beide Männer verneigen sich. Pause. Sie sehen sich an. Kühn gerät an den Rand seiner Beherrschung. Er räuspert sich krampfhaft. Plötzlich sinkt Fuchs in einen Sessel neben dem Tisch, auf welchem das Mikrophon verborgen ist.

FUCHS: Verzeihen Sie. Mir ist schwindlig. Ohrensausen. Der Flug. Die Aufregung. Ich bin ein alter Mann.

KÜHN *heiser*: Whisky?

FUCHS: Nein, danke. Es geht schon wieder. *Er atmet tief.*

KÜHN *mühsam*: Sie haben mich gesucht, Herr Fuchs. Warum?

FUCHS: Sie waren im Krieg Hauptmann?

KÜHN, *dem Schweiß auf der Stirn steht*: Jawohl.

FUCHS: In Berlin?

KÜHN: Jawohl. In ... Berlin.

FUCHS: Eine Zeitlang im Luftfahrtministerium?

KÜHN: Eine Zeitlang, ja ...

FUCHS *nickt ernst, langsam*: Dann sind Sie es!

KÜHN: Was wollen Sie von mir?

FUCHS *einfach*: Sie müssen mir helfen.

KÜHN *überwältigt*: Helfen? Ich?

FUCHS: Sie sind meine letzte Hoffnung. Nach Ihnen kommt nichts mehr.

KÜHN: Und was kann ich also für Sie tun?

FUCHS: Ich hab im Krieg einen Brief an den Göring geschrieben, der is bei Ihnen gelandet.

KÜHN: Bei mir?

FUCHS: Bei Ihnen und dem Hauptmann Sander. Erinnern Sie sich an den?

KÜHN *überlegt – dann*: Gewiß. Was wohl aus dem geworden ist?

FUCHS: Er lebt in Berlin, ich hab ihn besucht. Damals hat ihn der Göring doch nach Wien runtergeschickt meinetwegen.

KÜHN *langsam, vorsichtig, mißtrauisch*: Der Göring ...

FUCHS: Ja. Jetzt brauch ich nur Ihre Aussage, Herr Kühn,

daß Sie sich an meinen Fall erinnern. Damit ich wieder für normal erklärt werd. Ich hab nämlich noch immer den Jagdschein.

KÜHN: Ich ... verstehe ... *Er steht auf, geht hin und her, betrachtet Fuchs nachdenklich; es wird nicht klar, ob er nun lügt, oder ob er die Wahrheit sagt:* Tja, Herr Fuchs, was machen wir denn da?

FUCHS *kraftlos*: Sie erinnern sich *nicht* an meinen Fall?

KÜHN: Es tut mir furchtbar leid, nein.

FUCHS: Aber Sie haben mir doch sofort das Flugbillett geschickt! Warum denn?

KÜHN: Mein Gott, die Leute von der Illustrierten machten es so dringend! Jetzt sehe ich, daß wir besser zuerst korrespondiert hätten.

FUCHS: Ja, das war dumm ... ich hätt einen Brief schreiben müssen ... Liebe Himmelsmutter, ich kann nicht mehr.

KÜHN: Sehen Sie mal, Herr Fuchs, damals gingen täglich Hunderte von Briefen durch meine Hände. Die abenteuerlichsten Schicksale. Mehr als ein Menschengehirn fassen kann.

FUCHS: Und wenn Sie den Herrn Sander besuchen? Wenn der mit Ihnen spricht? Ob es Ihnen vielleicht dann einfällt?

KÜHN *erholt sich zusehends*: Ich überlege *angestrengt*. Aber da ist auch nicht die Spur einer Erinnerung, nein, nicht die Spur! Wann war das alles?

FUCHS: Vierundvierzig, im März.

KÜHN: Im April wurde ich versetzt. Vielleicht bringt Sander da etwas durcheinander. Vielleicht war das überhaupt ein anderer, mit dem er damals arbeitete. Es gab so viele Offiziere, wissen Sie.

FUCHS: Er sagt, *Sie* sind's gewesen. Mit Ihnen hätt alles angefangen, sagt er. Ich weiß nicht, was das heißt.

KÜHN *endgültig*: Ich aber auch nicht! Also *wirklich*! Moment mal, warum hat Ihnen Sander nicht geholfen?

FUCHS: Dem seine Aussage hätte keinen Wert. Er ist... krank. Sie haben ihn entmündigen müssen.

KÜHN: Schnaps?

Fuchs nickt.

Na also. Das habe ich immer befürchtet. Er soff damals ganz furchtbar. *Sicherer mit jeder Minute:* Ja, wenn es so mit ihm steht, möchte ich fast sagen, er bringt da wirklich etwas durcheinander. *Er sieht Fuchs freundlich an.*

FUCHS *steht auf, er bewegt sich und spricht wie ein Schlafwandler*: Dann bitte ich um Verzeihung für die Störung.

KÜHN *unecht*: Aber bleiben Sie doch noch! Sie sind doch eben erst gekommen...

FUCHS: Sei'n S' nicht bös, Herr Kühn. Ich... ich kriege hier keine Luft.

KÜHN *drängt ihm Geld auf*: Nehmen Sie das. Als kleinen Trost!

FUCHS *nimmt das Geld*: Vergelt's Gott, Herr Kühn. *Er verneigt sich vor ihm.* Sie sind ein guter Mensch. *Er geht ab.*

Kühn sinkt auf einen Sessel. Er stützt den Kopf in eine Hand und atmet schwer.

Seine Frau kommt herein. Sie bleibt vor ihm stehen.

KÜHN: Es war der falsche... der falsche Mann! Er hat überhaupt nichts mit meinem Eberhard Fuchs zu tun!

FRAU KÜHN *mit einem Gesicht wie aus Stein*: Fuchs ist ein häufiger Name.

KÜHN *lacht befreit*: Fuchs ist ein häufiger Name! Daß ich daran nicht gedacht habe! Das Leben ist phantastisch!

FRAU KÜHN: Er hat einen Brief an Göring geschrieben. – Kannst du dich wirklich nicht daran erinnern?

KÜHN: Aber natürlich! Als er davon sprach, fiel es mir sofort wieder ein! Seinetwegen hatte ich damals doch den Krach mit Sander, diesem verrückten Hund. Er schlug mich nieder, weil ich den Brief weitergeben wollte. Erinnere dich – es war das Ende unserer Freundschaft.

FRAU KÜHN: Ich erinnere mich.

KÜHN: Soll ich das vielleicht heute den Behörden erzählen? In meiner Situation? Ich bin doch nicht wahnsinnig! Diese Schweine warten doch nur auf so was! Dann rühren sie alles auf, und die Moabit-Geschichte kommt wirklich noch raus! Verflucht, das muß doch *einmal* vergessen werden! Das kann doch nicht *immer* so weitergehen!

Frau Kühn verläßt das Zimmer.

Grete! *Grete!*

Die Tür schließt sich hinter Frau Kühn.

Das muß man sich bieten lassen. Als ob man ein Verbrecher wäre.

DUNKEL

12

DIE WOHNKÜCHE

Abend. Durch das Fenster fällt Licht von Straßenlaternen in den dunklen Raum. Es schneit heftig, wie in der ersten Szene. Sobald das Licht aufflammen wird, werden wir sehen, daß die Küche nach all den Jahren verwohnt, unaufgeräumt und schmutzig ist. Die Möbel sind abgeschlagen, im Ausguß steht Geschirr. Alte Zeitungen liegen herum. Neben dem Herd ein zerwühltes Bett. Niemand ist zu Hause. Aber das Radio läuft.
Es erscheint eine hell angestrahlte Tafel mit dieser Zeitangabe:

14. DEZEMBER 1956, WIEN

Die Tafel verschwindet.

Aus dem Radio wienerische Musik. Die Eingangstür wird aufgesperrt. Rosi und Paul treten ein. Sie ist eine schöne, junge Frau, er ein bebrillter, versponnener Gelehrter geworden. Beide tragen Mäntel, welche sie ausziehen, nachdem sie das elektrische Licht eingeschaltet haben.

Rosi *im Eintreten*: Vater?

Keine Antwort.

Vater!

Paul *bedrückt*: Wieder nicht da.

Rosi: Aber das Radio ...

Paul: Wieder vergessen, abzudrehen.

Rosi geht zur Tür des Nebenzimmers, öffnet, blickt hinein, schaltet das Radio ab.

Rosi *ratlos*: Wenn ihm nur nichts passiert ist auf der Straße. Er sieht doch so schlecht.

Paul: Das macht er jetzt seit Monaten.

Rosi *klopft das Bett zurecht*: Ein Elend, daß auch noch die Wenzel hat sterben müssen. Ich könnt immer weinen, wenn ich herkomm.

Paul: Er hat ein Geheimnis vor uns.

Rosi: Der alte Mann? Geh weg!

Paul: Doch. Seit Monaten frag ich ihn, wo er sich herumtreibt. Immer wieder lacht er nur. *Entschlossen:* Rosi!

Rosi *aufräumend*: Ja?

Paul: Ich *muß* es dir sagen. Und wir müssen es *ihm* sagen.

Rosi: Was?

Paul: Sie haben mich gestern aufs Konsulat gerufen.

Rosi *aufgeregt*: Und?

Paul: Sein Gesuch ist abgelehnt. *Endgültig.* Wir dürfen ihn nicht mit nach Amerika nehmen. Mit seinem Schein bekommt er niemals ein Visum. Es tut ihnen leid. Aber sie *können* einfach keine Ausnahme machen.

Rosi *sinkt auf das Bett*: Barmherziger Himmel. Und ein Altersheim nimmt ihn auch nicht.

Paul zuckt die Schultern, sieht zur Seite und rückt an seiner Brille.

Aber dein Vertrag! Die Raketenstation drüben!

Paul schweigt ostentativ.

Ich *kann* ihn nicht allein lassen! Flieg du voraus ... ich komme nach ...

PAUL *heftig*: Du glaubst doch nicht, daß ich dich hier zurücklasse mit dem Baby! *Er weist auf das Radio.* Jetzt! Wo es gerade in Ungarn losgegangen ist und am Suezkanal!

ROSI: Aber der Vater –

PAUL *noch heftiger, weil mit schlechtem Gewissen*: Er hat mir das Leben gerettet! Er ist der anständigste Mensch, den ich kenne! Es ist furchtbar, daß *ich* das sage, aber wir müssen an unsere Familie denken.

ROSI: Paul!

PAUL: Ich sage ja, es ist furchtbar.

Sie sehen sich an wie Feinde.

Von draußen Schritte. Die Tür öffnet sich.

Ludwig Fuchs kommt herein. Er ist sehr alt geworden und bewegt sich unsicher, denn er sieht schlecht. Das Haar ist weiß. Aber ein überirdischer Ausdruck von Heiterkeit erhellt sein Gesicht. Er ist bester Laune und lacht vor sich hin.

FUCHS: Pfui Teufel, das is vielleicht ein Wetter heute! Servus, Rosilein, servus, Paul!

ROSI: Wo warst du bloß wieder? Wir haben solche Angst gehabt um dich!

FUCHS *zieht seinen Mantel aus*: Es is wahr, ich hätt euch einen Zettel hinlegen müssen. Mach nicht so ein Gesicht, Paul. Geh runter und hol einen Wein. Wir müssen feiern.

PAUL: Feiern? Was?

FUCHS: Meinen Sieg! *Glücklich:* Ich hab einen Sieg errungen heut, einen großen! So viele Jahre hat's gedauert! Jetzt ist es soweit.

Rosi *überwältigt*: Vater!

Fuchs *streichelt sie*: Ja, Rosilein, ja. Ich bin wieder normal. Ich hab keinen Jagdschein mehr.

Paul *spontan*: Wieso nicht? *Er verbessert sich hastig:* Ich meine: Was ist geschehen?

Fuchs: Ich hab einen Prozeß geführt.

Rosi *entsetzt*: Hinter unserem Rücken?

Fuchs: Ja.

Paul *realistisch*: Und gewonnen?

Fuchs: Nein.

Paul: Du hast einen Prozeß verloren?

Fuchs *heiter*: Gott sei Dank, ja! Weißt du noch, Rosilein, bevor ich nach Düsseldorf gefahren bin, da hab ich dir doch von diesem Herrn Rechtsanwalt erzählt, dem feinen, wo in dem Haus mit den Marmortreppen wohnt. Erst wollt ich mich ja nicht hintraun, aber in meiner großen Not hab ich es dann doch gewagt. Und der Herr Rechtsanwalt hat mir den Rat gegeben – den wunderbaren! Schwarz heißt er. Eine Seele von einem Menschen.

Paul: Was für einen Rat hat er dir gegeben?

Fuchs: No, daß ich den Herrn Postvorstand ordentlich verdreschen soll!

Rosi: Allmächtiger!

Fuchs *bedächtig*: Natürlich hätt ich mir viel lieber den Doktor Lerch vorgenommen. Aber der hat nur eine kleine Privatpraxis. Hingegen, hinter dem Herrn Vorstand, da steht die ganze Oberpostdirektion! So eine mächtige Behörde! Hat er also herhalten müssen.

Rosi, *der man, genau wie Paul, ansieht, daß sie mehr denn*

je Zweifel am normalen Geisteszustand ihres Vaters hegt: Aber warum?

FUCHS: Weil der Herr Doktor Schwarz es mir so geraten hat.

PAUL: Ich verstehe kein Wort.

FUCHS *liebevoll, wie ein Lehrer zu idiotischen Kindern*: Herr Fuchs, hat der Herr Doktor Schwarz gesagt, so einen Jagdschein wird man schwer wieder los, sehr schwer. Da kann ich Ihnen eigentlich nur eines empfehlen: Begehen Sie eine strafbare Handlung.

ROSI: Das ist ja entsetzlich!

FUCHS *ungerührt weiter*: Haben Sie zum Beispiel einen Feind, hat er mich gefragt. Ich hab zwei Feinde, hab ich gesagt, den Doktor Lerch und den Herrn Vorstand. Reg dich nicht auf, Rosilein, es ist ja schon alles vorüber. Sagt der Herr Doktor Schwarz zu mir: Nehmen wir also an, Sie hauen einem von den beiden Herren eine herunter –

PAUL: Das hat ein *Anwalt* dir geraten?

FUCHS: No freilich. Eine wird vielleicht nicht ausreichen, hat er gemeint, aber wenn Sie ihn *methodisch* ohrfeigen, sagen wir, eine ganze Woche lang, dann kann er sich das unmöglich gefallen lassen, und er wird eine Anzeige erstatten gegen Sie. Das müssen Sie unter allen Umständen erreichen.

Rosi und Paul blicken sich verzweifelt an. Nun ist Fuchs also endgültig auf die andere Seite der Grenze gewandert.

Habe ich alsdann dem Herrn Vorstand aufgelauert im Amt. Ihn beschimpft. Ihn in den Hintern getreten mit aller Kraft. Und dazu gebetet: Lieber Gott, lieber Gott, mach, daß er mich anzeigt!

ROSI: Warum, Vater, warum?

FUCHS: Wenn er mich angezeigt hätt, wäre ich vor ein Gericht gekommen. Dem Richter hätt ich erklärt, daß er mir nichts tun kann. Ich hab einen Jagdschein aus dem Jahr vierundvierzig. Darauf wär der Richter wütend geworden und hätt gesagt, vierundvierzig is mir egal, es muß festgestellt werden, ob Sie *zur Zeit der Tat* zurechnungsfähig waren. Und er hätt mich neuerlich untersuchen lassen – von einem objektiven, uneingeweihten Psychiater! Versteht ihr jetzt, was für ein ganz unerhört kluger Mensch der Herr Doktor Schwarz ist? Und *gar nicht* teuer, trotz den Marmortreppen! – Aber leider, so fest ich ihn auch in den Hintern getreten hab, den Herrn Vorstand, er hat mich nicht angezeigt. Nur rausgeschmissen hat er mich natürlich.

ROSI: O Gott!

FUCHS: Mit frischem, frohem Mut hab ich ihm darauf eine Woche später Tinte übern Anzug gegossen vor allen Leuten. Da hat er sich rechtfertigen *müssen*. Ich bin verrückt, hat er gesagt, es is ein Racheakt, man kann nichts machen dagegen. Dann, drei Monate später, ist der Zötterl gekommen und hat mich gewarnt: Am Freitagvormittag, da is ein Ministerialrat bei uns zur Inspektion, da darfst du dich nicht sehen lassen. In diesem Moment hab ich gewußt: Der Augenblick meines Triumphes ist gekommen! Nix wie hin am Freitagvormittag also! Der Ministerialrat war schon da, wie ich angefangen hab, die Schalter zu demolieren. Zum Glück ist ihm gleich das Temperament durchgegangen, und er hat mit der Polizei telefoniert. Vier Herren sind gekommen und ham sich auf mich gestürzt. Es war ein Kampfverhältnis, das ihnen Selbstvertrauen gegeben hat. Erinner dich, Rosi, das war an dem Tag, wo ich dir erzählt hab, ich bin ausgerutscht auf'm Glatteis.

ROSI *muß sich setzen*: Mir is ganz schlecht.

PAUL: Wieso hat aber davon nichts in der Zeitung gestanden?

FUCHS: Da hab ich auch zuerst Angst gehabt. Aber es war den Herren peinlich, und so haben sie es vertuscht.

PAUL: Wie lange ist das her?

FUCHS: Über zwei Jahre. Ja, so was dauert! Waren das vielleicht Aufregungen für mich! Aber eisern hab ich standgehalten. Immer wieder: Ich hab den Jagdschein, mir kann man nix machen! – Und immer wieder die Oberpostdirektion: Der Mann muß bestraft werden, da gibt's keine Würschtl! Seht's ihr, ich hab mich mit einer Behörde angelegt, das war meine Rettung! Denn die Behörden halten alle zusammen. Und so bin ich dann noch einmal psychiatriert worden.

ROSI: Wann?

FUCHS: Im August. Ihr wart gerade in Urlaub. *Glücklich:* Zur Zeit der Tat absolut zurechnungsfähig! Absolut! *Er lacht.* Könnt's ihr euch vorstellen, was für eine Seligkeit mich erfüllt hat, wie ich daraufhin verurteilt worden bin im Handumdrehen? Geweint hab ich wie ein Kind. Sie ham geglaubt, es is aus Reue.

PAUL: Und das Urteil?

FUCHS *lacht schallend*: Drei Monate und die Kosten des Verfahrens. Ihr müßt mir ein bissel ein Geld leihen.

PAUL: Drei Monate mit Bewährungsfrist?

FUCHS: Aber woher denn, ohne natürlich!

PAUL: Du ... du gehst ins Gefängnis?

Fuchs: Mit Vergnügen! Hab ich mir was Besseres wünschen können? Ist das vielleicht kein gutes Ende? Ihr beide fliegt inzwischen voraus. Du kannst deine Raketen bauen für den Frieden – und dein Baby kommt schon drüben auf die Welt.

Rosi: Du weißt –

Fuchs: Ihr Jungen denkt immer, wir Alten sind lauter Idioten! Glaubst, es is mir nicht aufgefallen, die Heringsesserei, die Übelkeiten und das da... *Er streicht über ihren Leib.*

Rosi *umarmt ihn*: Ach, Vater!

Fuchs: Seht ihr, der liebe Gott läßt seine Leut schon nicht verkommen.

Es klopft. Stimme Gasselseders: «Herr Fuchs!»

Fuchs: Ja!

Gasselseder *tritt ein; er ist ebenfalls sehr alt geworden*: Sie werden bei mir am Telefon verlangt, Herr Fuchs. Von einem gewissen Doktor Schwarz.

Fuchs *lachend*: Mein Anwalt. Der will mir noch was sagen. Ich bin gleich wieder da... *Er geht zur Tür.* Sie müssen herüberkommen, Herr Gasselseder, und was trinken mit uns! Ich bin wieder normal!

Gasselseder: Ah, da gratulier ich aber, Herr Fuchs!

Beide ab. Pause. Rosi und Paul sehen sich an.

Paul: Verzeih mir, was ich gesagt hab vorhin.

Rosi nickt.

Ich hab es nicht so gemeint.

Rosi: Ach, Paul!

Fuchs *kommt zurück. Er ist totenbleich und setzt sich sofort.*

Rosi: Vater!

FUCHS *spricht mit großer Anstrengung:* Der ... Doktor Schwarz ... will mit einem von euch reden ... er ... er ... wartet am Apparat ...

ROSI: Aber warum?

FUCHS: Ich ... ich hab zuletzt doch noch einen Fehler gemacht ...

PAUL: Einen Fehler?

FUCHS: Ich ... ich hab ihm nie erzählt, daß ich mit euch nach Amerika will ... er hat es eben erfahren. Er is vollkommen entsetzt ...

ROSI: Entsetzt?

FUCHS: Ja, denn das ... denn das geht natürlich *nicht*. Er hat gedacht, ich will nur wieder normal sein ... das wär was anderes gewesen ... aber Amerika ... ich bin doch jetzt vorbestraft! Mit einer Vorstrafe lassen mich die Amis nicht ins Land! *Er lacht verzweifelt.*

PAUL *wütend*: Das ist monströs! Eine solche Vorstrafe muß doch zu löschen sein!

FUCHS: Darüber will der Herr Doktor Schwarz ja eben mit euch reden ... Er meint, es wird natürlich eine Weile dauern, bis sie gelöscht ist, die Vorstrafe.

ROSI: Wie lange?

FUCHS: Er sagt, acht bis zwölf Jahre ...

PAUL: Ungeheuerlich! *Er stürzt fort.*

Rosi starrt den Vater an.

FUCHS *demütig und ergeben, indessen das Licht sich mehr und mehr auf ihn konzentriert*: Ja, siehst du, Rosilein, ich hab 'n lieben Gott überlisten wollen ... ich hab geglaubt, man kann seinen Nutzen ham vom Bösen und dann so tun, als hätt's ein Gestern nie gegeben ... ich hab mich erretten können mit meinem Schulfreund ...

viele haben verrecken müssen in Rußland und anderswo, anständige Leut, brave Leut ... Als kleiner Bub, da hab ich einmal in einem Märchenbuch gelesen: «Wer mit dem Teufel essen will, der muß einen langen Löffel haben!» – Aber das stimmt nicht! Einen *so* langen Löffel gibt es überhaupt nicht ... *Er nickt verloren.*

Das gleißende Licht, in das er zuletzt getaucht war, verblaßt nun und erlischt langsam.

DER VORHANG FÄLLT